Yeşil Sofranın Büyüsü
Bitkisel Lezzetler Rehberi

Deniz Yılmazer

Telif Hakkı 2023

Her hakkı saklıdır

Her hakkı saklıdır. Bu kitabın hiçbir bölümü, kısa metinler hariç olmak üzere yayıncının yazılı izni olmadan, fotokopi, kayıt veya herhangi bir bilgi depolama ve erişim sistemi dahil olmak üzere elektronik veya mekanik hiçbir biçimde veya hiçbir yöntemle çoğaltılamaz veya kopyalanamaz. bir incelemede alıntılar.

Bildirim-sorumluluk reddi beyanı

Bu kitaptaki bilgilerin mümkün olduğu kadar doğru olması amaçlanmıştır. Yazar ve yayıncı, bu kitapta sağlanan bilgilerin doğrudan veya dolaylı olarak neden olduğu veya kaynaklandığı iddia edilen herhangi bir kayıp veya hasarla ilgili olarak hiç kimseye karşı sorumlu olmayacaktır.

Özet

havuç enerji topları 13

Çıtır Tatlı Patates Lokmaları 15

Kavrulmuş Sırlı Bebek Havuç 17

Fırında Kale Cips 19

Kaju Peyniri Sosu 21

Biberli humus sosu 23

Geleneksel Lübnan Mutabal 26

Hint Usulü Kavrulmuş Leblebi 28

Tahin soslu avokado 30

Tatlı patates tostları 32

Biber sosu ve közlenmiş kiraz domates 34

Klasik parti karışımı 36

Sarımsak ve zeytinyağı ile Crostini 38

Klasik Vegan Köfte 39

Balzamik sirke ile kavrulmuş yaban havucu 41

Geleneksel Baba Ganuş 44

Fıstık Ezmesi Lokmaları 46

Kavrulmuş Karnabahar Dip 47

Kolay Kabak Ruloları 49

patates kızartması 51

Cannellini Fasulye Sosu 53

Baharatlı Kavrulmuş Karnabahar...................................... 55

Kolay Lübnan Turu 58

Baharatlı zencefil soslu avokado...................................... 60

Nohut bazlı atıştırmalıkların karışımı............................. 62

Bir bükülme ile Muhammara sosu 64

Ispanak, nohut ve sarımsaklı crostini 66

Mantar ve Cannellini Fasulye Köftesi 69

Humuslu salatalık ruloları.. 71

Doldurulmuş jalapeno ısırıkları 72

Meksika soğan halkaları 74

Kavrulmuş sebze kökleri 76

Hint usulü humus sosu... 78

Kavrulmuş havuç ve fasulye sosu 80

Hızlı ve kolay kabak suşi... 82

Humuslu Kiraz Domates.. 84

Fırında Közlenmiş Mantarlar... 86

Peynirli Kale Cipsleri 89

Humuslu avokado tekneleri 91

Nacho mantar dolması 93

Humus ve avokadolu marul sarmaları............................. 95

Fırında Brüksel lahanası 97

Poblano Tatlı Patates Poppers 99

Fırında kabak cipsi 101

Otantik Lübnan sosu 103

Vegan yulaf ezmesi 105

Mango soslu biber tekneleri 107

Baharatlı brokoli ve biberiye çiçeği 109

Çıtır çıtır pişmiş pancar cipsi 111

Klasik barbekü sosu 114

Bahçe otu hardalı 116

Ev yapımı klasik ketçap 118

Kaju, limon ve dereotu sosu 120

Ligurya Ceviz Sosu 121

Chia, akçaağaç ve Dijon sosu 123

Sarımsak ve kişniş sosu 126

Klasik çiftlik sosu 128

Kişniş Tahin Sos 130

Limon ve Hindistan cevizi sosu 132

Ev yapımı guacamole 134

Şimdiye kadarki en basit vegan mayonez 137

Ayçiçeği ve kenevir tohumu yağı 139

Kremalı hardal sosu 141

Geleneksel Balkan tarzı Ajvar 143

Amba (mango sosu) 145

Babamın ev yapımı ketçapı 147

Avokado ve otlar ile salata sosu 149

Otantik Fransız remoulade 151

Otantik beşamel 153

Mükemmel hollandaise sosu 156

Meksika biber sosu 158

Temel domates sosu 160

Şişe Türk Salçası 162

İtalyan yeşil biber sosu 164

Ayçiçeği çekirdeği ile makarna sosu 166

Büyükannenin sağlıklı elma püresi 168

Ev yapımı çikolata sosu 170

Favori kızılcık sosu 172

Geleneksel Rus Crain 174

Fransız Mignonette Sosu 176

füme peynir sosu 177

Basit ev yapımı armut sosu 180

Country tarzı hardal 182

Tay usulü hindistan cevizi sosu 184

Basit Aquafaba Mayonezi 186

Klasik kadifemsi sos..188

Klasik İspanyol sosu...190

Otantik Akdeniz aioli 192

Vegan Barbekü Sosu..194

Klasik Bearnaise sosu..196

Mükemmel peynir sosu 198

Çiğ makarna için kolay sos 201

Temel fesleğen pesto..203

Klasik Alfredo Sos...205

Sofistike kaju mayonezi 207

Ayçiçek yağı, tarçın ve vanilya..209

Ev yapımı baharatlı ketçap 211

Közlenmiş biber kreması 213

Klasik Vegan Tereyağı...216

Akdeniz kabaklı krep...217

havuç enerji topları

(Yaklaşık 10 dakika içinde hazır + soğuma süresi | 8 kişilik)

Porsiyon başına: Kalori: 495; Yağ: 21,1 gr; Karbonhidratlar: 58,4 g; Protein: 22,1 gr

içindekiler

1 büyük havuç, rendelenmiş havuç

1 ½ su bardağı eski moda yulaf

1 bardak kuru üzüm

1 su bardağı çekirdekleri çıkarılmış hurma

1 su bardağı hindistan cevizi gevreği

1/4 çay kaşığı öğütülmüş karanfil

1/2 çay kaşığı öğütülmüş tarçın

Mutfak robotunda tüm malzemeleri pürüzsüz ve yapışkan hale gelinceye kadar karıştırın.

Hamurla eşit toplar oluşturun.

Servis yapmaya hazır olana kadar buzdolabına koyun. Eğlence!

Çıtır Tatlı Patates Lokmaları

(Yaklaşık 25 dakika içinde hazır + soğuma süresi | 4 kişilik)

Porsiyon başına: Kalori: 215; Yağ: 4,5 gr; Karbonhidratlar: 35 g; Protein: 8,7 gr

içindekiler

4 tatlı patates, soyulmuş ve rendelenmiş

2 chia yumurtası

1/4 bardak besin mayası

2 yemek kaşığı tahin

2 yemek kaşığı nohut unu

1 çay kaşığı arpacık soğanı tozu

1 çay kaşığı sarımsak tozu

1 çay kaşığı kırmızı biber

Tatmak için deniz tuzu ve öğütülmüş karabiber

Fırını önceden 395 derece F'ye ısıtarak başlayın. Bir fırın tepsisini parşömen kağıdı veya Silpat mat ile kaplayın.

Her şey iyice birleşene kadar tüm malzemeleri iyice karıştırın.

Hamuru eşit toplar halinde açın ve yaklaşık 1 saat buzdolabında bekletin.

Bu topları yaklaşık 25 dakika pişirin ve pişirme işleminin yarısında çevirin. Eğlence!

Kavrulmuş Sırlı Bebek Havuç

(Yaklaşık 30 dakikada hazır | 6 kişilik)

Porsiyon başına: Kalori: 165; Yağ: 10,1 gr; Karbonhidratlar: 16,5 g; Protein: 1,4 gr

içindekiler

2 kilo bebek havuç

1/4 su bardağı zeytinyağı

1/4 su bardağı elma sirkesi

1/2 çay kaşığı kırmızı biber gevreği

Tatlandırmak için deniz tuzu ve taze çekilmiş karabiber

1 yemek kaşığı agave şurubu

2 yemek kaşığı soya sosu

1 yemek kaşığı taze kişniş, doğranmış

Fırını 395 derece F'ye önceden ısıtarak başlayın.

Daha sonra havuçları zeytinyağı, sirke, pul biber, tuz, karabiber, agav şurubu ve soya sosuyla tatlandırın.

Tavayı bir veya iki kez çevirerek havuçları yaklaşık 30 dakika kızartın. Taze kişnişle süsleyip servis yapın. Eğlence!

Fırında Kale Cips

Porsiyon başına: Kalori: 65; Yağ: 3,9 gr; Karbonhidratlar: 5,3 g; Protein: 2,4 gr

içindekiler

2 demet lahana, yaprakları ayrılmış

2 yemek kaşığı zeytinyağı

1/2 çay kaşığı hardal tohumu

1/2 çay kaşığı kereviz tohumu

1/2 çay kaşığı kurutulmuş kekik

1/4 çay kaşığı öğütülmüş kimyon

1 çay kaşığı sarımsak tozu

Tatmak için kaba deniz tuzu ve öğütülmüş karabiber

Fırını önceden 350 derece F'ye ısıtarak başlayın. Bir fırın tepsisini parşömen kağıdı veya Silpat mar ile kaplayın.

İyice kaplanana kadar lahana yapraklarını kalan malzemelerle birlikte atın.

Tavayı bir veya iki kez çevirerek önceden ısıtılmış fırında yaklaşık 13 dakika pişirin. Eğlence!

Kaju Peyniri Sosu

Porsiyon başına: Kalori: 115; Yağ: 8,6 gr; Karbonhidratlar: 6,6 g; Protein: 4,4 gr

içindekiler

1 su bardağı çiğ kaju fıstığı

1 taze sıkılmış limon

2 yemek kaşığı tahin

2 yemek kaşığı besin mayası

1/2 çay kaşığı zerdeçal tozu

1/2 çay kaşığı ezilmiş kırmızı biber gevreği

Tatmak için deniz tuzu ve öğütülmüş karabiber

Tüm malzemeleri mutfak robotunuzun haznesine yerleştirin. Pürüzsüz, kremsi ve pürüzsüz olana kadar karıştırın. Gerektiğinde seyreltmek için bir damla su ekleyebilirsiniz.

Sosunuzu servis kasesine dökün; sebze çubukları, cips veya krakerlerle servis yapın.

Eğlence!

Biberli humus sosu

(Yaklaşık 10 dakikada hazır | 10 kişiye hizmet veriyor)

Porsiyon başına: Kalori: 155; Yağ: 7,9 gr; Karbonhidratlar: 17,4 g; Protein: 5,9 gr

içindekiler

20 ons konserve veya haşlanmış nohut, süzülmüş

1/4 su bardağı tahin

2 diş sarımsak, kıyılmış

2 yemek kaşığı taze sıkılmış limon suyu

1/2 su bardağı sıvı nohut

2 adet közlenmiş kırmızı biber, çekirdekleri çıkarılmış ve dilimlenmiş

1/2 çay kaşığı kırmızı biber

1 çay kaşığı kurutulmuş fesleğen

Tatmak için deniz tuzu ve öğütülmüş karabiber

2 yemek kaşığı zeytinyağı

Adresler

Yağ hariç tüm malzemeleri blender veya mutfak robotunda istenilen kıvama gelinceye kadar karıştırın.

Servis yapmaya hazır olana kadar buzdolabına koyun.

İstenirse kızartılmış pide dilimleri veya cipslerle servis yapın. Eğlence!

Geleneksel Lübnan Mutabal

(Yaklaşık 10 dakikada hazır | 6 kişilik)

Porsiyon başına: Kalori: 115; Yağ: 7,8 gr; Karbonhidratlar: 9,8 g; Protein: 2,9 gr

içindekiler

1 kiloluk patlıcan

1 soğan doğranmış

1 yemek kaşığı sarımsak ezmesi

4 yemek kaşığı tahin

1 yemek kaşığı hindistancevizi yağı

2 yemek kaşığı limon suyu

1/2 çay kaşığı öğütülmüş kişniş

1/4 bardak öğütülmüş karanfil

1 çay kaşığı pul biber

1 çay kaşığı közlenmiş biber

Tatmak için deniz tuzu ve öğütülmüş karabiber

Adresler

Patlıcanın kabuğu siyahlaşana kadar ızgarada pişirin; Patlıcanları soyun ve mutfak robotunun kasesine yerleştirin.

Kalan malzemeleri ekleyin. Her şey iyice birleşene kadar karıştırın.

İstenirse kruton veya pide ekmeği ile servis yapın. Eğlence!

Hint Usulü Kavrulmuş Leblebi

(Yaklaşık 10 dakikada hazır | 8 kişilik)

Porsiyon başına: Kalori: 223; Yağ: 6,4 gr; Karbonhidratlar: 32,2 g; Protein: 10,4 gr

içindekiler

2 su bardağı konserve nohut, süzülmüş

2 yemek kaşığı zeytinyağı

1/2 çay kaşığı sarımsak tozu

1/2 çay kaşığı kırmızı biber

1 çay kaşığı köri tozu

1 çay kaşığı garam masala

Tatmak için deniz tuzu ve kırmızı biber

Nohutları emici kağıtla kurutun. Nohutları zeytinyağıyla baharatlayın.

Nohutları önceden ısıtılmış 400 derece F fırında yaklaşık 25 dakika, bir veya iki kez karıştırarak kavurun.

Nohutları baharatlarla karıştırın ve yemeğinizin tadını çıkarın!

Tahin soslu avokado

(Yaklaşık 10 dakikada hazır | 4 kişilik)

Porsiyon başına: Kalori: 304; Yağ: 25,7 gr; Karbonhidratlar: 17,6 g; Protein: 6 gr

içindekiler

2 büyük avokado, çekirdeği çıkarılmış ve ikiye bölünmüş

4 yemek kaşığı tahin

4 yemek kaşığı soya sosu

1 yemek kaşığı limon suyu

1/2 çay kaşığı kırmızı biber gevreği

Tatmak için deniz tuzu ve öğütülmüş karabiber

1 çay kaşığı sarımsak tozu

Avokado yarımlarını servis tabağına dizin.

Tahini, soya sosunu, limon suyunu, toz biberi, tuzu, karabiberi ve sarımsak tozunu küçük bir kapta karıştırın. Sosu avokado yarımlarına bölün.

Eğlence!

Tatlı patates tostları

(Yaklaşık 25 dakika içinde hazır + soğuma süresi | 4 kişilik)

Porsiyon başına: Kalori: 232; Yağ: 7,1 gr; Karbonhidratlar: 37g; Protein: 8,4 gr

içindekiler

1 ½ pound tatlı patates, rendelenmiş

2 chia yumurtası

1/2 su bardağı sade un

1/2 bardak ekmek kırıntısı

3 yemek kaşığı humus

Tatmak için deniz tuzu ve karabiber.

1 yemek kaşığı zeytinyağı

1/2 bardak salsa

Fırını önceden 395 derece F'ye ısıtarak başlayın. Bir fırın tepsisini parşömen kağıdı veya Silpat mat ile kaplayın.

Sos hariç tüm malzemeleri, her şey iyice karışana kadar iyice karıştırın.

Hamuru eşit toplar halinde açın ve yaklaşık 1 saat buzdolabında bekletin.

Bu topları yaklaşık 25 dakika pişirin ve pişirme işleminin yarısında çevirin. Eğlence!

Biber sosu ve közlenmiş kiraz domates

(Yaklaşık 35 dakikada hazır | 10 kişilik)

Porsiyon başına: Kalori: 90; Yağ: 5,7 gr; Karbonhidratlar: 8,5 g; Protein: 1,9 gr

içindekiler

4 kırmızı biber

4 domates

4 yemek kaşığı zeytinyağı

1 kırmızı soğan doğranmış

4 diş sarımsak

4 ons konserve nohut, süzülmüş

Tatmak için deniz tuzu ve öğütülmüş karabiber

Fırını 400 derece F'ye önceden ısıtarak başlayın.

Biberleri ve domatesleri pişirme kağıdıyla kaplı bir fırın tepsisine dizin. Yaklaşık 30 dakika pişirin; Biberleri soyun ve kavrulmuş domatesle birlikte mutfak robotuna aktarın.

Bu arada, 2 yemek kaşığı zeytinyağını tavada orta-yüksek ateşte ısıtın. Soğanı ve sarımsağı yaklaşık 5 dakika veya yumuşayana kadar soteleyin.

Sotelenmiş sebzeleri mutfak robotuna ekleyin. Nohut, tuz, karabiber ve kalan zeytinyağını ekleyin; Kremsi ve pürüzsüz bir karışım elde edinceye kadar çalışın.

Eğlence!

Klasik parti karışımı

(Yaklaşık 1 saat 5 dakikada hazır | 15 kişilik)

Porsiyon başına: Kalori: 290; Yağ: 12,2 gr; Karbonhidratlar: 39 g; Protein: 7,5 gr

içindekiler

5 su bardağı vegan mısır gevreği

3 bardak vegan mini simit

1 su bardağı kavrulmuş badem

1/2 bardak kızarmış pepita

1 yemek kaşığı besin mayası

1 yemek kaşığı balzamik sirke

1 yemek kaşığı soya sosu

1 çay kaşığı sarımsak tozu

1/3 bardak vegan tereyağı

Fırını önceden 250 derece F'ye ısıtarak başlayın. Büyük bir fırın tepsisini parşömen kağıdı veya Silpat mat ile kaplayın.

Servis kasesinde mısır gevreğini, krakerleri, bademleri ve pepitaları karıştırın.

Küçük bir tencerede, kalan malzemeleri orta ateşte eritin. Sosu mısır gevreği ve fındık karışımının üzerine dökün.

Altın rengi ve hoş kokulu olana kadar her 15 dakikada bir karıştırarak yaklaşık 1 saat pişirin. Tamamen soğuması için tel rafa aktarın. Eğlence!

Sarımsak ve zeytinyağı ile Crostini

(Yaklaşık 10 dakikada hazır | 4 kişilik)

Porsiyon başına: Kalori: 289; Yağ: 8,2 gr; Karbonhidratlar: 44,9 g; Protein: 9,5 gr

içindekiler

1 kepekli baget, dilimlenmiş

4 yemek kaşığı sızma zeytinyağı

1/2 çay kaşığı deniz tuzu

3 diş sarımsak, ikiye bölünmüş

Adresler

Izgarayı önceden ısıtın.

Her dilim ekmeği zeytinyağıyla fırçalayın ve üzerine deniz tuzu serpin. Yaklaşık 2 dakika veya hafifçe kızarıncaya kadar önceden ısıtılmış ızgaraya yerleştirin.

Her ekmek dilimini sarımsakla ovalayıp servis yapın. Eğlence!

Klasik Vegan Köfte

(Yaklaşık 15 dakikada hazır | 4 kişilik)

Porsiyon başına: Kalori: 159; Yağ: 9,2 gr; Karbonhidratlar: 16,3 g; Protein: 2,9 gr

içindekiler

1 su bardağı kahverengi pirinç, pişirilmiş ve soğutulmuş

1 su bardağı konserve veya haşlanmış fasulye, süzülmüş

1 çay kaşığı kıyılmış taze sarımsak

1 küçük soğan doğranmış

Tatmak için deniz tuzu ve öğütülmüş karabiber

1/2 çay kaşığı acı biber

1/2 çay kaşığı füme kırmızı biber

1/2 çay kaşığı kişniş tohumu

1/2 çay kaşığı kişniş hardal tohumu

2 yemek kaşığı zeytinyağı

Bir kapta zeytinyağı dışındaki tüm malzemeleri dikkatlice birleştirin. İyice birleştirmek için karıştırın ve ardından karışımı yağlanmış ellerle eşit toplar haline getirin.

Daha sonra zeytinyağını yapışmaz bir tavada orta ateşte ısıtın. Sıcakken köfteleri her tarafı altın rengi oluncaya kadar yaklaşık 10 dakika kızartın.

Kokteyl çubuklarıyla servis yapın ve tadını çıkarın!

Balzamik sirke ile kavrulmuş yaban havucu

(Yaklaşık 30 dakikada hazır | 6 kişilik)

Porsiyon başına: Kalori: 174; Yağ: 9,3 gr; Karbonhidratlar: 22,2 g; Protein: 1,4 gr

içindekiler

1 ½ pound yaban havucu, çubuklar halinde kesilmiş

1/4 su bardağı zeytinyağı

1/4 bardak balzamik sirke

1 çay kaşığı Dijon hardalı

1 çay kaşığı rezene tohumu

Tatmak için deniz tuzu ve öğütülmüş karabiber

1 çay kaşığı Akdeniz baharat karışımı

Yaban havuçları iyice kaplanıncaya kadar tüm malzemeleri bir kapta karıştırın.

Yaban havuçlarını önceden ısıtılmış 400 derece F fırında yaklaşık 30 dakika kızartın, pişirme süresinin yarısına gelindiğinde karıştırın.

Oda sıcaklığında servis yapın ve yemeğinizin tadını çıkarın!

Geleneksel Baba Ganuş

(Yaklaşık 25 dakikada hazır | 8 kişilik)

Porsiyon başına: Kalori: 104; Yağ: 8,2 gr; Karbonhidratlar: 5,3 g; Protein: 1,6 gr

içindekiler

1 kiloluk patlıcan, dilimlenmiş

1 çay kaşığı kaba deniz tuzu

3 yemek kaşığı zeytinyağı

3 yemek kaşığı taze limon suyu

2 diş sarımsak, kıyılmış

3 yemek kaşığı tahin

1/4 çay kaşığı öğütülmüş karanfil

1/2 çay kaşığı öğütülmüş kimyon

2 yemek kaşığı kıyılmış taze maydanoz

Patlıcan dilimlerinin her yerine deniz tuzu sürün. Daha sonra onları bir kevgir içine koyun ve yaklaşık 15 dakika dinlendirin; Boşaltın, durulayın ve mutfak kağıdıyla kurulayın.

Patlıcanın kabuğu siyahlaşana kadar ızgarada pişirin; Patlıcanları soyun ve mutfak robotunun kasesine yerleştirin.

Zeytinyağı, limon suyu, sarımsak, tahin, karanfil ve kimyonu ekleyin. Her şey iyice birleşene kadar karıştırın.

Taze maydanoz yapraklarıyla süsleyin ve afiyetle yiyin!

Fıstık Ezmesi Lokmaları

(Yaklaşık 5 dakikada hazır | 2 kişilik)

Porsiyon başına: Kalori: 143; Yağ: 3,9 gr; Karbonhidratlar: 26,3 g; Protein: 2,6 gr

İçindekiler

8 adet taze hurma, çekirdekleri çıkarılmış ve ikiye bölünmüş

8 çay kaşığı fıstık ezmesi

1/4 çay kaşığı öğütülmüş tarçın

Adresler

Fıstık ezmesini hurma yarımlarının arasına bölün.

Üzerine tarçın serpip hemen servis yapın. Eğlence!

Kavrulmuş Karnabahar Dip

(Yaklaşık 30 dakikada hazır | 7 kişilik)

Porsiyon başına: Kaloriler: 142; Yağ: 12,5 gr; Karbonhidratlar: 6,3 g; Protein: 2,9 gr

içindekiler

1 lb. karnabahar çiçeği

1/4 su bardağı zeytinyağı

4 yemek kaşığı tahin

1/2 çay kaşığı kırmızı biber

Tatmak için deniz tuzu ve öğütülmüş karabiber

2 yemek kaşığı taze limon suyu

2 diş sarımsak, kıyılmış

Fırını önceden 420 derece F'ye ısıtarak başlayın. Karnabahar çiçeklerini zeytinyağıyla karıştırın ve parşömen kaplı bir fırın tepsisine dizin.

Yaklaşık 25 dakika veya yumuşayana kadar pişirin.

Daha sonra karnabaharı diğer malzemelerle birlikte ezin ve gerekirse pişirme sıvısını ekleyin.

İstenirse ilave zeytinyağı gezdirilir. Eğlence!

Kolay Kabak Ruloları

(Yaklaşık 10 dakikada hazır | 5 kişilik)

Porsiyon başına: Kalori: 99; Yağ: 4,4 gr; Karbonhidratlar: 12,1 g; Protein: 3,1 gr

içindekiler

1 bardak humus, tercihen ev yapımı

1 orta boy doğranmış domates

1 çay kaşığı hardal

1/4 çay kaşığı kekik

1/2 çay kaşığı acı biber

Tatmak için deniz tuzu ve öğütülmüş karabiber

1 büyük kabak, şeritler halinde kesilmiş

2 yemek kaşığı doğranmış taze fesleğen

2 yemek kaşığı kıyılmış taze maydanoz

Bir kapta humus, domates, hardal, kekik, acı biber, tuz ve karabiberi dikkatlice birleştirin.

Doldurmayı kabak şeritlerinin arasına bölün ve eşit şekilde dağıtın. Kabakları yuvarlayın ve taze fesleğen ve maydanozla süsleyin.

Eğlence!

patates kızartması

(Yaklaşık 45 dakikada hazır | 4 kişilik)

Porsiyon başına: Kalori: 186; Yağ: 7,1 gr; Karbonhidratlar: 29,6 g; Protein: 2,5 gr

içindekiler

4 orta boy tatlı patates, soyulmuş ve çubuklar halinde kesilmiş

2 yemek kaşığı fıstık yağı

Tatmak için deniz tuzu ve öğütülmüş karabiber

1 çay kaşığı chipotle biber tozu

1/4 çay kaşığı öğütülmüş yenibahar

1 çay kaşığı esmer şeker

1 çay kaşığı kurutulmuş biberiye

Tatlı patates kızartmasını diğer malzemelerle karıştırın.

Cipsleri 375 derece F'de yaklaşık 45 dakika veya altın rengi kahverengi olana kadar pişirin; Cipsleri bir veya iki kez karıştırdığınızdan emin olun.

Dilerseniz en sevdiğiniz dip sosla servis yapın. Eğlence!

Cannellini Fasulye Sosu

(Yaklaşık 10 dakikada hazır | 6 kişilik)

Porsiyon başına: Kaloriler: 123; Yağ: 4,5 gr; Karbonhidratlar: 15,6 g; Protein: 5,6 gr

içindekiler

10 ons konserve cannellini fasulyesi, süzülmüş

1 diş sarımsak, kıyılmış

2 adet közlenmiş biber, dilimlenmiş

Tadına göre taze çekilmiş Karadeniz biberi

1/2 çay kaşığı öğütülmüş kimyon

1/2 çay kaşığı hardal tohumu

1/2 çay kaşığı öğütülmüş defne yaprağı

3 yemek kaşığı tahin

2 yemek kaşığı taze İtalyan maydanozu, doğranmış

Adresler

Maydanoz dışındaki tüm malzemeleri bir blender veya mutfak robotunun kasesine yerleştirin. İyice karışıncaya kadar çırpın.

Sosu servis kasesine alıp taze maydanozla süsleyin.

İstenirse pide dilimleri, tortilla cipsleri veya sebze çubukları ile servis yapın. Eğlence!

Baharatlı Kavrulmuş Karnabahar

Porsiyon başına: Kalori: 115; Yağ: 9,3 gr; Karbonhidratlar: 6,9 g; Protein: 5,6 gr

içindekiler

1 buçuk kilo karnabahar çiçeği

1/4 su bardağı zeytinyağı

4 yemek kaşığı elma sirkesi

2 diş sarımsak, preslenmiş

1 çay kaşığı kurutulmuş fesleğen

1 çay kaşığı kurutulmuş kekik

Tatmak için deniz tuzu ve öğütülmüş karabiber

Fırını 420 derece F'ye önceden ısıtarak başlayın.

Karnabahar çiçeklerini kalan malzemelerle baharatlayın.

Karnabahar çiçeklerini pişirme kağıdı serili fırın tepsisine dizin. Karnabahar çiçeklerini önceden ısıtılmış fırında yaklaşık 25 dakika veya hafifçe kızarıncaya kadar pişirin.

Eğlence!

Kolay Lübnan Turu

(Yaklaşık 10 dakikada hazır | 6 kişilik)

Porsiyon başına: Kalori: 252; Yağ: 27 gr; Karbonhidratlar: 3,1 g;
Protein: 0,4 gr

içindekiler

2 baş sarımsak

1 çay kaşığı kaba deniz tuzu

1 ½ su bardağı zeytinyağı

1 taze sıkılmış limon

2 su bardağı havuç, kibrit çöpü şeklinde kesilmiş

Diş sarımsaklarını ve tuzu mutfak robotunda veya yüksek hızlı blenderde pürüzsüz ve kremsi bir kıvama gelinceye kadar kasenin kenarlarını kazıyarak karıştırın.

Pürüzsüz bir sos oluşturmak için bu iki malzeme arasında geçiş yaparak zeytinyağını ve limon suyunu yavaş yavaş ve yavaş yavaş ekleyin.

Sos koyulaşana kadar karıştırın. Havuç çubuklarıyla servis yapın ve tadını çıkarın!

Baharatlı zencefil soslu avokado

(Yaklaşık 10 dakikada hazır | 4 kişilik)

Porsiyon başına: Kalori: 295; Yağ: 28,2 gr; Karbonhidratlar: 11,3 g; Protein: 2,3 gr

içindekiler

2 avokado, çekirdeği çıkarılmış ve ikiye bölünmüş

1 diş sarımsak, preslenmiş

1 çay kaşığı taze zencefil, soyulmuş ve doğranmış

2 yemek kaşığı balzamik sirke

4 yemek kaşığı sızma zeytinyağı

Tatmak için kaşer tuzu ve öğütülmüş karabiber

Avokado yarımlarını servis tabağına dizin.

Küçük bir kapta sarımsak, zencefil, sirke, zeytinyağı, tuz ve karabiberi karıştırın. Sosu avokado yarımlarına bölün.

Eğlence!

Nohut bazlı atıştırmalıkların karışımı

(Yaklaşık 30 dakikada hazır | 8 kişilik)

Porsiyon başına: Kalori: 109; Yağ: 7,9 gr; Karbonhidratlar: 7,4 g; Protein: 3,4 gr

içindekiler

1 su bardağı kavrulmuş nohut, süzülmüş

2 yemek kaşığı eritilmiş hindistancevizi yağı

1/4 su bardağı çiğ kabak çekirdeği

1/4 bardak çiğ ceviz yarımları

1/3 bardak kurutulmuş kiraz

Nohutları emici kağıtla kurutun. Nohutları hindistancevizi yağıyla baharatlayın.

Nohutları önceden ısıtılmış 380 derece F fırında yaklaşık 20 dakika boyunca bir veya iki kez karıştırarak kavurun.

Nohutları kabak çekirdeği ve yarım cevizle karıştırın. Fındıkların kokusu çıkana kadar yaklaşık 8 dakika pişirmeye devam edin; tamamen soğumaya bırakın.

Kurutulmuş kirazları ekleyin ve birleştirmek için karıştırın. Eğlence!

Bir bükülme ile Muhammara sosu

(Yaklaşık 35 dakikada hazır | 9 kişilik)

Porsiyon başına: Kalori: 149; Yağ: 11,5 gr; Karbonhidratlar: 8,9 g; Protein: 2,4 gr

içindekiler

3 kırmızı biber

5 yemek kaşığı zeytinyağı

2 diş sarımsak, kıyılmış

1 doğranmış domates

3/4 bardak ekmek kırıntısı

2 yemek kaşığı pekmez

1 çay kaşığı öğütülmüş kimyon

1/4 kızarmış ayçiçeği çekirdeği

1 Maraş biberi, doğranmış

2 yemek kaşığı tahin

Tatmak için deniz tuzu ve kırmızı biber

Adresler

Fırını 400 derece F'ye önceden ısıtarak başlayın.

Biberleri pişirme kağıdıyla kaplı bir fırın tepsisine yerleştirin. Yaklaşık 30 dakika pişirin; Biberleri soyun ve mutfak robotuna aktarın.

Bu arada, 2 yemek kaşığı zeytinyağını tavada orta-yüksek ateşte ısıtın. Sarımsakları ve domatesleri yaklaşık 5 dakika veya yumuşayana kadar soteleyin.

Sotelenmiş sebzeleri mutfak robotuna ekleyin. Diğer malzemeleri ekleyip kremsi ve pürüzsüz bir karışım elde edene kadar çalışın.

Eğlence!

Ispanak, nohut ve sarımsaklı crostini

(Yaklaşık 10 dakikada hazır | 6 kişilik)

Porsiyon başına: Kalori: 242; Yağ: 6,1 gr; Karbonhidratlar: 38,5 g; Protein: 8,9 gr

içindekiler

1 baget, dilimler halinde kesilmiş

4 yemek kaşığı sızma zeytinyağı

Baharat için deniz tuzu ve kırmızı biber

3 diş sarımsak, kıyılmış

1 su bardağı haşlanmış nohut, süzülmüş

2 su bardağı ıspanak

1 yemek kaşığı taze limon suyu

Izgarayı önceden ısıtın.

Ekmek dilimlerini 2 yemek kaşığı zeytinyağıyla kaplayıp üzerine deniz tuzu ve pul biber serpin. Yaklaşık 2 dakika veya hafifçe kızarıncaya kadar önceden ısıtılmış ızgaraya yerleştirin.

Bir kapta sarımsak, nohut, ıspanak, limon suyu ve kalan 2 yemek kaşığı zeytinyağını dikkatlice birleştirin.

Nohut karışımını her tost ekmeğinin üzerine dökün. Eğlence!

Mantar ve Cannellini Fasulye Köftesi

(Yaklaşık 15 dakikada hazır | 4 kişilik)

Porsiyon başına: Kalori: 195; Yağ: 14,1 gr; Karbonhidratlar: 13,2 g; Protein: 3,9 gr

içindekiler

4 yemek kaşığı zeytinyağı

1 su bardağı doğranmış mantar

1 arpacık doğranmış

2 diş sarımsak, ezilmiş

1 bardak konserve veya haşlanmış cannellini fasulyesi, süzülmüş

1 su bardağı pişmiş kinoa

Tatmak için deniz tuzu ve öğütülmüş karabiber

1 çay kaşığı füme kırmızı biber

1/2 çay kaşığı kırmızı biber gevreği

1 çay kaşığı hardal tohumu

1/2 çay kaşığı kurutulmuş dereotu

Adresler

Yapışmaz bir tavada 2 yemek kaşığı zeytinyağını ısıtın. Isındıktan sonra mantarları ve arpacık soğanları 3 dakika veya yumuşayana kadar pişirin.

Sarımsak, fasulye, kinoa ve baharatları ekleyin. İyice birleştirmek için karıştırın ve ardından karışımı yağlanmış ellerle eşit toplar haline getirin.

Daha sonra kalan 2 yemek kaşığı zeytinyağını yapışmaz tavada orta ateşte ısıtın. Sıcakken köfteleri her tarafı altın rengi oluncaya kadar yaklaşık 10 dakika kızartın.

Kokteyl çubuklarıyla servis yapın. Eğlence!

Humuslu salatalık ruloları

(Yaklaşık 10 dakikada hazır | 6 kişilik)

Porsiyon başına: Kalori: 88; Yağ: 3,6 gr; Karbonhidratlar: 11,3 g; Protein: 2,6 gr

içindekiler

1 bardak humus, tercihen ev yapımı

2 büyük domates, doğranmış

1/2 çay kaşığı kırmızı biber gevreği

Tatmak için deniz tuzu ve öğütülmüş karabiber

2 İngiliz salatalığı, dilimlenmiş

Adresler

Humus sosunu salatalık dilimleri arasına bölün.

Üstüne domates koyun; Her salatalığın üzerine pul biber, tuz ve karabiber serpin.

Soğuk servis yapın ve yemeğinizin tadını çıkarın!

Doldurulmuş jalapeno ısırıkları

(Yaklaşık 15 dakikada hazır | 6 kişilik)

Porsiyon başına: Kalori: 108; Yağ: 6,6 gr; Karbonhidratlar: 7,3 g; Protein: 5,3 gr

içindekiler

1/2 bardak çiğ ayçiçeği çekirdeği, gece boyunca ıslatılmış ve süzülmüş

4 yemek kaşığı doğranmış frenk soğanı

1 çay kaşığı kıyılmış sarımsak

3 yemek kaşığı besin mayası

1/2 su bardağı kremalı soğan

1/2 çay kaşığı acı biber

1/2 çay kaşığı hardal tohumu

12 jalapenos, yarıya bölünmüş ve çekirdekleri çıkarılmış

1/2 bardak ekmek kırıntısı

Mutfak robotunda veya yüksek hızlı karıştırıcıda çiğ ayçiçeği tohumlarını, arpacık soğanını, sarımsağı, besin mayayı, çorbayı, acı biberi ve hardal tohumlarını iyice birleşene kadar karıştırın.

Karışımı jalapenoların içine dökün ve üzerlerini galeta unu ile kaplayın.

Önceden ısıtılmış 400 derece F fırında yaklaşık 13 dakika veya biberler yumuşayana kadar pişirin. Sıcak servis yapın.

Eğlence!

Meksika soğan halkaları

(Yaklaşık 35 dakikada hazır | 6 kişilik)

Porsiyon başına: Kalori: 213; Yağ: 10,6 gr; Karbonhidratlar: 26,2 g; Protein: 4,3 gr

içindekiler

2 orta boy soğan, halkalar halinde kesilmiş

1/4 bardak çok amaçlı un

1/4 bardak yazıldığından un

1/3 bardak pirinç sütü, şekersiz

1/3 bardak hafif bira

Baharat için deniz tuzu ve öğütülmüş karabiber

1/2 çay kaşığı acı biber

1/2 çay kaşığı hardal tohumu

1 bardak tortilla cipsi, doğranmış

1 yemek kaşığı zeytinyağı

Fırını 420 derece F'ye önceden ısıtarak başlayın.

Sığ bir kapta un, süt ve birayı birlikte çırpın.

Başka bir sığ kapta baharatları doğranmış tortilla cipsleriyle karıştırın. Soğan halkalarını unlu karışıma batırın.

Daha sonra bunları baharatlı karışıma batırın ve iyice kaplayacak şekilde bastırın.

Soğan halkalarını pişirme kağıdı serili fırın tepsisine dizin. Üzerine zeytinyağı sürün ve yaklaşık 30 dakika pişirin. Eğlence!

Kavrulmuş sebze kökleri

(Yaklaşık 35 dakikada hazır | 6 kişilik)

Porsiyon başına: Kalori: 261; Yağ: 18,2 gr; Karbonhidratlar: 23,3 g; Protein: 2,3 gr

içindekiler

1/4 su bardağı zeytinyağı

2 havuç, soyulmuş ve 1 ½ inçlik parçalar halinde kesilmiş

2 yaban havucu, soyulmuş ve 1 ½ inçlik parçalar halinde kesilmiş

1 sap kereviz, soyulmuş ve 1 ½ inçlik parçalar halinde kesilmiş

1 pound tatlı patates, soyulmuş ve 1 ½ inçlik parçalar halinde kesilmiş

1/4 su bardağı zeytinyağı

1 çay kaşığı hardal tohumu

1/2 çay kaşığı fesleğen

1/2 çay kaşığı kekik

1 çay kaşığı pul biber

1 çay kaşığı kurutulmuş kekik

Tatmak için deniz tuzu ve öğütülmüş karabiber

Adresler

Sebzeleri diğer malzemelerle iyice kaplanıncaya kadar karıştırın.

Sebzeleri önceden ısıtılmış 400 derece F fırında yaklaşık 35 dakika kızartın, pişirme işleminin yarısında karıştırın.

Tadını çıkarın, baharatlarını ayarlayın ve sıcak servis yapın. Eğlence!

Hint usulü humus sosu

(Yaklaşık 10 dakikada hazır | 10 kişiye hizmet veriyor)

Porsiyon başına: Kalori: 171; Yağ: 10,4 gr; Karbonhidratlar: 15,3 g; Protein: 5,4 gr

içindekiler

20 ons konserve veya haşlanmış nohut, süzülmüş

1 çay kaşığı dilimlenmiş sarımsak

1/4 su bardağı tahin

1/4 su bardağı zeytinyağı

1 taze sıkılmış lime

1/4 çay kaşığı zerdeçal

1/2 çay kaşığı kimyon tozu

1 çay kaşığı köri tozu

1 çay kaşığı kişniş tohumu

Gerektiğinde 1/4 bardak sıvı nohut veya daha fazlası

2 yemek kaşığı taze kişniş, doğranmış

Nohut, sarımsak, tahin, zeytinyağı, limon, zerdeçal, kimyon, köri tozu ve kişniş tohumlarını bir blender veya mutfak robotunda karıştırın.

Nohut sıvısını yavaş yavaş ekleyerek istenilen kıvama gelinceye kadar karıştırın.

Servis yapmaya hazır olana kadar buzdolabına koyun. Taze kişniş ile süsleyin.

İstenirse naan ekmeği veya sebze çubukları ile servis yapın. Eğlence!

Kavrulmuş havuç ve fasulye sosu

(Yaklaşık 55 dakikada hazır | 10 kişilik)

Porsiyon başına: Kaloriler: 121; Yağ: 8,3 gr; Karbonhidratlar: 11,2 g; Protein: 2,8 gr

içindekiler

1 ½ pound havuç, doğranmış

2 yemek kaşığı zeytinyağı

4 yemek kaşığı tahin

8 ons konserve cannellini fasulyesi, süzülmüş

1 çay kaşığı kıyılmış sarımsak

2 yemek kaşığı limon suyu

2 yemek kaşığı soya sosu

Tatmak için deniz tuzu ve öğütülmüş karabiber

1/2 çay kaşığı kırmızı biber

1/2 çay kaşığı kurutulmuş dereotu

1/4 bardak kızarmış pepita

Fırını önceden 390 derece F'ye ısıtarak başlayın. Bir fırın tepsisini parşömen kağıdıyla kaplayın.

Şimdi havuçları zeytinyağıyla gezdirin ve hazırlanan fırın tepsisine dizin.

Havuçları yaklaşık 50 dakika veya yumuşayana kadar kızartın. Kavrulmuş havuçları mutfak robotunun kasesine aktarın.

Tahin, fasulye, sarımsak, limon suyu, soya sosu, tuz, karabiber, kırmızı biber ve dereotu ekleyin. Sosunuz kremsi ve pürüzsüz hale gelinceye kadar işlem yapın.

Kızarmış tohumlarla süsleyin ve dilediğiniz tabaklarla servis yapın. Eğlence!

Hızlı ve kolay kabak suşi

(Yaklaşık 10 dakikada hazır | 5 kişilik)

Porsiyon başına: Kalori: 129; Yağ: 6,3 gr; Karbonhidratlar: 15,9 g; Protein: 2,5 gr

içindekiler

1 su bardağı pişmiş pirinç

1 rendelenmiş havuç

1 küçük soğan, rendelenmiş

1 avokado, doğranmış

1 diş sarımsak, kıyılmış

Tatmak için deniz tuzu ve öğütülmüş karabiber

1 orta boy kabak, şeritler halinde kesilmiş

Servis için Wasabi sosu

Bir kapta pirinç, havuç, soğan, avokado, sarımsak, tuz ve karabiberi dikkatlice birleştirin.

Doldurmayı kabak şeritlerinin arasına bölün ve eşit şekilde dağıtın. Kabakları yuvarlayın ve Wasabi sosuyla servis yapın.

Eğlence!

Humuslu Kiraz Domates

(Yaklaşık 10 dakikada hazır | 8 kişilik)

Porsiyon başına: Kalori: 49; Yağ: 2,5 gr; Karbonhidratlar: 4,7 g; Protein: 1,3 gr

içindekiler

1/2 bardak humus, tercihen ev yapımı

2 yemek kaşığı vegan mayonez

1/4 bardak doğranmış frenk soğanı

16 adet kiraz domates, posayı çıkarın

2 yemek kaşığı doğranmış taze kişniş

Bir kapta humus, mayonez ve frenk soğanını dikkatlice birleştirin.

Humus karışımını domateslerin arasına paylaştırın. Taze kişnişle süsleyip servis yapın.

Eğlence!

Fırında Közlenmiş Mantarlar

(Yaklaşık 20 dakikada hazır | 4 kişilik)

Porsiyon başına: Kalori: 136; Yağ: 10,5 gr; Karbonhidratlar: 7,6 g; Protein: 5,6 gr

içindekiler

1,5 kilo mantar, temizlenmiş

3 yemek kaşığı zeytinyağı

3 diş sarımsak, kıyılmış

1 çay kaşığı kurutulmuş kekik

1 çay kaşığı kurutulmuş fesleğen

1/2 çay kaşığı kurutulmuş biberiye

Tatmak için kaşer tuzu ve öğütülmüş karabiber

Mantarları kalan malzemelerle karıştırın.

Mantarları yağlı kağıt serili fırın tepsisine dizin.

Mantarları önceden ısıtılmış 420 derece F fırında yaklaşık 20 dakika veya yumuşayana ve kokulu olana kadar pişirin.

Mantarları servis tabağına dizin ve kokteyl çubuklarıyla servis yapın. Eğlence!

Peynirli Kale Cipsleri

(Yaklaşık 1 saat 30 dakikada hazır | 6 kişilik)

Porsiyon başına: Kaloriler: 121; Yağ: 7,5 gr; Karbonhidratlar: 8,4 g; Protein: 6,5 gr

içindekiler

1/2 bardak ayçiçeği çekirdeği, gece boyunca ıslatılmış ve süzülmüş

1/2 bardak kaju fıstığı, gece boyunca ıslatılmış ve süzülmüş

1/3 bardak besin mayası

2 yemek kaşığı limon suyu

1 çay kaşığı soğan tozu

1 çay kaşığı sarımsak tozu

1 çay kaşığı kırmızı biber

Tatmak için deniz tuzu ve öğütülmüş karabiber

1/2 su bardağı su

4 bardak lahana, doğranmış

Adresler

Mutfak robotunda veya yüksek hızlı karıştırıcıda, çiğ ayçiçeği çekirdeğini, kaju fıstığını, besin mayasını, limon suyunu, soğan tozunu, sarımsak tozunu, kırmızı biberi, tuzu, karabiber tozunu ve suyu, karışım iyice karışıncaya kadar karıştırın.

Karışımı lahana yapraklarının üzerine dökün ve iyice kaplanana kadar fırlatın.

Önceden ısıtılmış 220 derece F fırında yaklaşık 1 saat 30 dakika veya gevrekleşene kadar pişirin.

Eğlence!

Humuslu avokado tekneleri

(Yaklaşık 10 dakikada hazır | 4 kişilik)

Porsiyon başına: Kalori: 297; Yağ: 21,2 gr; Karbonhidratlar: 23,9 g; Protein: 6 gr

içindekiler

1 yemek kaşığı taze limon suyu

2 adet olgun avokado, ikiye kesilmiş ve çekirdekleri çıkarılmış

8 ons humus

1 diş sarımsak, kıyılmış

1 orta boy doğranmış domates

Tatmak için deniz tuzu ve öğütülmüş karabiber

1/2 çay kaşığı zerdeçal tozu

1/2 çay kaşığı acı biber

1 yemek kaşığı tahin

Avokado yarımlarının üzerine taze limon suyu serpin.

Humus, sarımsak, domates, tuz, karabiber, zerdeçal tozu, kırmızı biber ve tahini karıştırın. Dolguyu avokadoların içine dökün.

Derhal servis yapın.

Nacho mantar dolması

(Yaklaşık 25 dakikada hazır | 5 kişilik)

Porsiyon başına: Kalori: 210; Yağ: 13,4 gr; Karbonhidratlar: 17,7 g; Protein: 6,9 gr

içindekiler

1 bardak tortilla cipsi, doğranmış

1 su bardağı pişmiş veya konserve siyah fasulye, süzülmüş

4 yemek kaşığı vegan tereyağı

2 yemek kaşığı tahin

4 yemek kaşığı doğranmış frenk soğanı

1 çay kaşığı kıyılmış sarımsak

1 jalapeno, doğranmış

1 çay kaşığı Meksika kekiği

1 çay kaşığı acı biber

Tatmak için deniz tuzu ve öğütülmüş karabiber

15 orta boy mantar, temizlenmiş, sapları ayıklanmış

Adresler

Mantarlar hariç tüm malzemeleri bir kapta iyice birleştirin.

Nacho karışımını mantarlarınıza paylaştırın.

Önceden ısıtılmış 350 derece F fırında yaklaşık 20 dakika veya yumuşayıp iyice pişene kadar pişirin. Eğlence!

Humus ve avokadolu marul sarmaları

(Yaklaşık 10 dakikada hazır | 6 kişilik)

Porsiyon başına: Kalori: 115; Yağ: 6,9 gr; Karbonhidratlar: 11,6 g; Protein: 2,6 gr

içindekiler

1/2 bardak humus

1 doğranmış domates

1 rendelenmiş havuç

1 orta boy avokado, çekirdekleri çıkarılmış ve küp şeklinde kesilmiş

1 çay kaşığı beyaz sirke

1 çay kaşığı soya sosu

1 çay kaşığı agave şurubu

1 yemek kaşığı Sriracha sosu

1 çay kaşığı kıyılmış sarımsak

1 çay kaşığı rendelenmiş taze zencefil

Tatmak için kaşer tuzu ve öğütülmüş karabiber

1 baş tereyağlı marul, yapraklarına ayrılmış

Adresler

Humus, domates, havuç ve avokadoyu iyice birleştirin. Beyaz
sirke, soya sosu, agav şurubu, Sriracha sosu, sarımsak, zencefil,
tuz ve karabiberi birleştirin.

Hazırladığınız harcı marul yapraklarının arasına paylaştırıp
yuvarlayın ve yanında sosla birlikte servis edin.

Eğlence!

Fırında Brüksel lahanası

Porsiyon başına: Kalori: 151; Yağ: 9,6 gr; Karbonhidratlar: 14,5 g; Protein: 5,3 gr

içindekiler

2 kilo brüksel lahanası

1/4 su bardağı zeytinyağı

Tatmak için kaba deniz tuzu ve öğütülmüş karabiber

1 çay kaşığı pul biber

1 çay kaşığı kurutulmuş kekik

1 çay kaşığı kurutulmuş maydanoz

1 çay kaşığı hardal tohumu

Brüksel lahanalarını kalan malzemelerle iyice kaplanıncaya kadar karıştırın.

Sebzeleri önceden ısıtılmış 400 derece F fırında yaklaşık 35 dakika kızartın, pişirme işleminin yarısında karıştırın.

Tadını çıkarın, baharatlarını ayarlayın ve sıcak servis yapın. Eğlence!

Poblano Tatlı Patates Poppers

(Yaklaşık 25 dakikada hazır | 7 kişilik)

Porsiyon başına: Kalori: 145; Yağ: 3,6 gr; Karbonhidratlar: 24,9 g; Protein: 5,3 gr

içindekiler

1/2 pound karnabahar, kesilmiş ve doğranmış

1 pound tatlı patates, soyulmuş ve doğranmış

1/2 bardak kaju sütü, şekersiz

1/4 bardak vegan mayonez

1/2 çay kaşığı köri tozu

1/2 çay kaşığı acı biber

1/4 çay kaşığı kurutulmuş dereotu

Tatmak için deniz ve öğütülmüş karabiber

1/2 bardak taze ekmek kırıntısı

14 taze poblano şili, yarıya bölünmüş, çekirdekleri çıkarılmış

Karnabaharı ve tatlı patatesleri yaklaşık 10 dakika veya yumuşayana kadar buharda pişirin. Şimdi onları kaju sütüyle öğütün.

Vegan mayonez, köri tozu, kırmızı biber, dereotu, tuz ve karabiberi ekleyin.

Karışımı biberlerin içine dökün ve üzerlerini galeta unu ile kaplayın.

Önceden ısıtılmış 400 derece F fırında yaklaşık 13 dakika veya biberler yumuşayana kadar pişirin.

Eğlence!

Fırında kabak cipsi

(Yaklaşık 1 saat 30 dakikada hazır | 7 kişilik)

Porsiyon başına: Kalori: 48; Yağ: 4,2 gr; Karbonhidratlar: 2 g; Protein: 1,7 gr

içindekiler

1 pound kabak, 1/8 inç kalınlığında dilimler halinde kesilmiş

2 yemek kaşığı zeytinyağı

1/2 çay kaşığı kurutulmuş kekik

1/2 çay kaşığı kurutulmuş fesleğen

1/2 çay kaşığı kırmızı biber gevreği

Tatmak için deniz tuzu ve öğütülmüş karabiber

Kabakları diğer malzemelerle karıştırın.

Kabak dilimlerini, pişirme kağıdıyla kaplı bir fırın tepsisine tek kat halinde yerleştirin.

Çıtır çıtır ve altın rengi oluncaya kadar yaklaşık 90 dakika boyunca 235 derece F'de pişirin. Kabak cipsleri soğudukça çıtır çıtır olacaktır.

Eğlence!

Otantik Lübnan sosu

(Yaklaşık 10 dakikada hazır | 12 kişilik)

Porsiyon başına: Kalori: 117; Yağ: 6,6 gr; Karbonhidratlar: 12,2 g;
Protein: 4,3 gr

içindekiler

2 kutu (15 ons) nohut/nohut

4 yemek kaşığı limon suyu

4 yemek kaşığı tahin

2 yemek kaşığı zeytinyağı

1 çay kaşığı zencefil sarımsak ezmesi

1 çay kaşığı Lübnan 7 baharat karışımı

Tatmak için deniz tuzu ve öğütülmüş karabiber

1/3 su bardağı sıvı nohut

Nohut, limon suyu, tahin, zeytinyağı, zencefil-sarımsak ezmesi ve baharatları blender veya mutfak robotunda karıştırın.

Nohut sıvısını yavaş yavaş ekleyerek istenilen kıvama gelinceye kadar karıştırın.

Servis yapmaya hazır olana kadar buzdolabına koyun. İstenirse sebze çubuklarıyla servis yapın. Eğlence!

Vegan yulaf ezmesi

(Yaklaşık 15 dakikada hazır | 4 kişilik)

Porsiyon başına: Kalori: 284; Yağ: 10,5 gr; Karbonhidratlar: 38,2 g; Protein: 10,4 gr

içindekiler

1 bardak yulaf ezmesi

1 su bardağı haşlanmış veya konserve nohut

2 diş sarımsak, kıyılmış

1 çay kaşığı soğan tozu

1/2 çay kaşığı kimyon tozu

1 çay kaşığı kurutulmuş maydanoz gevreği

1 çay kaşığı kurutulmuş mercanköşk

2 yemek kaşığı suya batırılmış 1 yemek kaşığı chia tohumu

Birkaç tutam sıvı duman

Tatlandırmak için deniz tuzu ve taze çekilmiş karabiber

2 yemek kaşığı zeytinyağı

Adresler

Zeytinyağı dışındaki malzemeleri iyice karıştırın. İyice birleştirmek için karıştırın ve ardından karışımı yağlanmış ellerle eşit toplar haline getirin.

Daha sonra zeytinyağını yapışmaz bir tavada orta ateşte ısıtın. Sıcakken köfteleri her tarafı altın rengi oluncaya kadar yaklaşık 10 dakika kızartın.

Köfteleri servis tabağına alıp kokteyl çubuklarıyla servis yapın. Eğlence!

Mango soslu biber tekneleri

(Yaklaşık 5 dakikada hazır | 4 kişilik)

Porsiyon başına: Kalori: 74; Yağ: 0,5 gr; Karbonhidratlar: 17,6 g; Protein: 1,6 gr

içindekiler

1 mango, soyulmuş, çekirdeği çıkarılmış ve küp şeklinde kesilmiş

1 küçük arpacık soğanı, doğranmış

2 yemek kaşığı taze kişniş, doğranmış

1 kırmızı biber, çekirdeği çıkarılmış ve doğranmış

1 yemek kaşığı taze limon suyu

4 biber, çekirdekleri çıkarılmış ve ikiye kesilmiş

Mango, arpacık soğanı, kişniş, kırmızı biber ve limon suyunu iyice birleştirin.

Karışımı biber yarımlarına dökün ve hemen servis yapın.

Eğlence!

Baharatlı brokoli ve biberiye çiçeği

(Yaklaşık 35 dakikada hazır | 6 kişilik)

Porsiyon başına: Kalori: 135; Yağ: 9,5 gr; Karbonhidratlar: 10,9 g; Protein: 4,4 gr

içindekiler

2 kilo brokoli çiçeği

1/4 su bardağı sızma zeytinyağı

Tatmak için deniz tuzu ve öğütülmüş karabiber

1 çay kaşığı zencefil sarımsak ezmesi

1 yemek kaşığı doğranmış taze biberiye

1/2 çay kaşığı limon kabuğu rendesi

Brokoliyi iyice kaplanana kadar kalan malzemelerle karıştırın.

Sebzeleri önceden ısıtılmış 400 derece F fırında yaklaşık 35 dakika kızartın, pişirme işleminin yarısında karıştırın.

Tadını çıkarın, baharatlarını ayarlayın ve sıcak servis yapın. Eğlence!

Çıtır çıtır pişmiş pancar cipsi

(Yaklaşık 35 dakikada hazır | 6 kişilik)

Porsiyon başına: Kaloriler: 92; Yağ: 9,1 gr; Karbonhidratlar: 2,6 g; Protein: 0,5 gr

içindekiler

2 kırmızı pancar, soyulmuş ve 1/8 inç kalınlığında dilimler halinde kesilmiş

1/4 su bardağı zeytinyağı

Tatmak için deniz tuzu ve öğütülmüş karabiber

1/2 çay kaşığı kırmızı biber gevreği

Adresler

Pancar dilimlerini diğer malzemelerle karıştırın.

Pancar dilimlerini, pişirme kağıdıyla kaplı bir fırın tepsisine tek kat halinde yerleştirin.

Çıtır çıtır olana kadar yaklaşık 30 dakika boyunca 400 derece F'de pişirin. Eğlence!

Klasik barbekü sosu

(Yaklaşık 5 dakikada hazır | 20 kişilik)

Porsiyon başına: Kaloriler: 36; Yağ: 0,3 gr; Karbonhidratlar: 8,6 g; Protein: 0,2 gr

içindekiler

1 su bardağı esmer şeker

1 su bardağı domates sosu

1/4 bardak şarap sirkesi

1/3 su bardağı su

1 yemek kaşığı soya sosu

2 yemek kaşığı hardal tozu

1 çay kaşığı karabiber

2 çay kaşığı deniz tuzu

Tüm malzemeleri blender veya mutfak robotunda karıştırın.

Pürüzsüz ve pürüzsüz hale gelinceye kadar karıştırın.

Eğlence!

Bahçe otu hardalı

(Yaklaşık 35 dakikada hazır | 10 kişilik)

Porsiyon başına: Kalori: 34; Yağ: 1,6 gr; Karbonhidratlar: 3,5 g; Protein: 1,3 gr

içindekiler

1/2 bardak hardal tozu

5 yemek kaşığı hardal tohumu, öğütülmüş

1/4 su bardağı su

1/4 bardak bira

2 yemek kaşığı şeri sirkesi

1 ½ çay kaşığı kaba deniz tuzu

1 yemek kaşığı agave şurubu

1 yemek kaşığı kurutulmuş kişniş

1 yemek kaşığı kurutulmuş fesleğen

Hardal tozunu, öğütülmüş hardal tohumlarını, suyu ve birayı bir kapta iyice birleştirin; yaklaşık 30 dakika dinlenmeye bırakın.

Kalan malzemeleri ekleyin ve iyice birleştirmek için karıştırın.

Servis yapmadan önce en az 12 saat dinlenmeye bırakın. Eğlence!

Ev yapımı klasik ketçap

(Yaklaşık 25 dakikada hazır | 10 kişilik)

Porsiyon başına: Kaloriler: 24; Yağ: 0 gr; Karbonhidratlar: 5,5 g; Protein: 0,5 gr

içindekiler

4 ons konserve domates salçası

2 yemek kaşığı agav şurubu

1/4 su bardağı kırmızı şarap sirkesi

1/4 su bardağı su

1/2 çay kaşığı koşer tuzu

1/4 çay kaşığı sarımsak tozu

Bir tencereyi orta ateşte önceden ısıtın. Daha sonra tüm malzemeleri bir tencereye ekleyin ve kaynatın.

Isıyı düşürün; kısık ateşte sürekli karıştırarak yaklaşık 20 dakika veya sos koyulaşıncaya kadar pişmesine izin verin.

Cam kavanozda buzdolabında saklayın. Eğlence!

Kaju, limon ve dereotu sosu

(Yaklaşık 25 dakikada hazır | 8 kişilik)

Porsiyon başına: Kaloriler: 24; Yağ: 0 gr; Karbonhidratlar: 5,5 g; Protein: 0,5 gr

içindekiler

1 su bardağı çiğ kaju fıstığı

1/2 su bardağı su

2 yemek kaşığı dereotu

1 yemek kaşığı limon suyu

Tatmak için deniz tuzu ve kırmızı biber

Adresler

Tüm malzemeleri pürüzsüz, homojen ve kremsi bir kıvama gelinceye kadar bir mutfak robotunun veya yüksek hızlı blenderin kasesine yerleştirin.

Tatlandırmak için baharatlayın ve crudité'lerle servis yapın.

Ligurya Ceviz Sosu

(Yaklaşık 30 dakikada hazır | 4 kişilik)

Porsiyon başına: Kalori: 263; Yağ: 24,1 gr; Karbonhidratlar: 9g; Protein: 5,5 gr

içindekiler

1/2 su bardağı badem sütü

1 dilim beyaz ekmek, kabuksuz

1 su bardağı (yaklaşık 50 yarım) çiğ ceviz

1/2 çay kaşığı sarımsak tozu

1 çay kaşığı soğan tozu

1 çay kaşığı füme kırmızı biber

2 yemek kaşığı zeytinyağı

1 yemek kaşığı kıyılmış fesleğen

3 köri yaprağı

Tatmak için deniz tuzu ve öğütülmüş karabiber

Badem sütünü ve ekmeği bir kaseye koyun ve iyice dinlenmeye bırakın.

Islatılmış ekmeği mutfak robotu veya yüksek hızlı blender kasesine aktarın; kalan malzemeleri ekleyin.

Pürüzsüz, homojen ve kremsi bir karışım elde edene kadar devam edin.

Makarna veya kabak tagliatelle ile servis yapın. Eğlence!

Chia, akçaağaç ve Dijon sosu

Porsiyon başına: Kaloriler: 126; Yağ: 9 gr; Karbonhidratlar: 8,3 g; Protein: 1,5 gr

içindekiler

2 yemek kaşığı chia tohumu

5 yemek kaşığı sızma zeytinyağı

1 1/2 yemek kaşığı akçaağaç şurubu

2 çay kaşığı Dijon hardalı

1 yemek kaşığı kırmızı şarap sirkesi

Tatmak için deniz tuzu ve öğütülmüş karabiber

Tüm malzemeleri bir kaseye koyun; Birleştirmek ve emülsifiye etmek için çırpın.

Chia'nın genişlemesi için 15 dakika bekletin. Eğlence!

Sarımsak ve kişniş sosu

(Yaklaşık 10 dakikada hazır | 6 kişilik)

Porsiyon başına: Kalori: 181; Yağ: 18,2 gr; Karbonhidratlar: 4,8 g; Protein: 3 gr

içindekiler

1/2 bardak badem

1/2 su bardağı su

1 demet kişniş

1 kırmızı biber doğranmış

2 diş sarımsak, ezilmiş

2 yemek kaşığı taze limon suyu

1 çay kaşığı limon kabuğu rendesi

Deniz tuzu ve öğütülmüş karabiber

5 yemek kaşığı sızma zeytinyağı

Bademleri ve suyu karıştırıcıya yerleştirin ve karışım kremsi ve pürüzsüz hale gelinceye kadar karıştırın.

Kişniş, pul biber, sarımsak, limon suyu, limon kabuğu rendesi, tuz ve karabiberi ekleyin; her şey iyi bir şekilde birleşene kadar saldırın.

Daha sonra yavaş yavaş zeytinyağını ekleyin ve pürüzsüz hale gelinceye kadar karıştırın. Buzdolabında 5 güne kadar saklayın.

Eğlence!

Klasik çiftlik sosu

Porsiyon başına: Kalori: 191; Yağ: 20,2 gr; Karbonhidratlar: 0,8 g; Protein: 0,5 gr

içindekiler

1 bardak vegan mayonez

1/4 şekersiz badem sütü

1 çay kaşığı şeri sirkesi

1/2 çay kaşığı koşer tuzu

1/4 çay kaşığı karabiber

2 diş sarımsak, kıyılmış

1/2 çay kaşığı kurutulmuş frenk soğanı

1/2 çay kaşığı kurutulmuş dereotu

1 çay kaşığı kurutulmuş maydanoz gevreği

1/2 çay kaşığı soğan tozu

1/3 çay kaşığı kırmızı biber

Adresler

Bir çırpma teli kullanarak tüm malzemeleri bir kasede dikkatlice
birleştirin.

Servis yapmaya hazır oluncaya kadar kapağını kapatıp
buzdolabına koyun.

Eğlence!

Kişniş Tahin Sos

(Yaklaşık 10 dakikada hazır | 6 kişilik)

Porsiyon başına: Kaloriler: 91; Yağ: 7,5 gr; Karbonhidratlar: 4,5 g; Protein: 2,9 gr

içindekiler

1/4 bardak kaju fıstığı, gece boyunca ıslatılmış ve süzülmüş

1/4 su bardağı su

4 yemek kaşığı tahin

1/4 bardak taze kişniş yaprağı, doğranmış

1 diş sarımsak, kıyılmış

Tatmak için kaşer tuzu ve kırmızı biber

Kaju ve suyu bir karıştırıcıda pürüzsüz ve kremsi bir kıvama gelinceye kadar karıştırın.

Diğer malzemeleri ekleyin ve her şey iyice karışana kadar karıştırmaya devam edin.

Bir haftaya kadar buzdolabında saklayın. Eğlence!

Limon ve Hindistan cevizi sosu

(Yaklaşık 10 dakikada hazır | 7 kişilik)

Porsiyon başına: Kalori: 87; Yağ: 8,8 gr; Karbonhidratlar: 2,6 g; Protein: 0,8 gr

içindekiler

1 çay kaşığı hindistancevizi yağı

1 büyük diş sarımsak, kıyılmış

1 çay kaşığı doğranmış taze zencefil

1 bardak hindistan cevizi sütü

1 adet taze sıkılmış ve rendelenmiş lime

Bir tutam Himalaya kaya tuzu

Küçük bir tencerede hindistancevizi yağını orta ateşte eritin. Sıcakken sarımsak ve zencefili yaklaşık 1 dakika veya aromatik hale gelinceye kadar pişirin.

Isıyı düşürün ve hindistan cevizi sütünü, limon suyunu, limon kabuğu rendesini ve tuzu ekleyin; 1 dakika veya tamamen ısıtılıncaya kadar kaynamaya devam edin.

Eğlence!

Ev yapımı guacamole

(Yaklaşık 10 dakikada hazır | 7 kişilik)

Porsiyon başına: Kalori: 107; Yağ: 8,6 gr; Karbonhidratlar: 7,9 g; Protein: 1,6 gr

içindekiler

2 avokado, soyulmuş ve çekirdeği çıkarılmış

1 limonun suyu

Tatmak için deniz tuzu ve öğütülmüş karabiber

1 küçük soğan, doğranmış

2 yemek kaşığı doğranmış taze kişniş

1 büyük domates, doğranmış

Avokadoları diğer malzemelerle birlikte bir kasede ezin.

Guacamole'yi servis yapmaya hazır olana kadar buzdolabına koyun. Eğlence!

Şimdiye kadarki en basit vegan mayonez

Porsiyon başına: Kalori: 167; Yağ: 18,1 gr; Karbonhidratlar: 0,7 g; Protein: 0,4 gr

içindekiler

1/2 su bardağı zeytinyağı, oda sıcaklığında

1/4 bardak pirinç sütü, şekersiz, oda sıcaklığında

1 çay kaşığı sarı hardal

1 yemek kaşığı taze limon suyu

1/3 çay kaşığı koşer tuzu

Adresler

Süt, hardal, limon suyu ve tuzu yüksek hızlı blender ile karıştırın.

Makine çalışırken yavaş yavaş zeytinyağını ekleyin ve karışım koyulaşana kadar düşük hızda karıştırmaya devam edin.

Yaklaşık 6 gün buzdolabında saklayın. Eğlence!

Ayçiçeği ve kenevir tohumu yağı

(Yaklaşık 15 dakikada hazır | 16 kişilik)

Porsiyon başına: Kalori: 124; Yağ: 10,6 gr; Karbonhidratlar: 4,9 g; Protein: 4,3 gr

içindekiler

2 su bardağı ayçiçeği çekirdeği, soyulmuş ve kızartılmış

4 yemek kaşığı kenevir tohumu

2 yemek kaşığı keten tohumu unu

bir tutam tuz

Bir tutam rendelenmiş hindistan cevizi

2 çekirdeksiz hurma

Ayçiçeği tohumlarını bir mutfak robotunda tereyağı oluşana kadar karıştırın.

Kalan malzemeleri ekleyin ve kremsi ve pürüzsüz bir karışım elde edene kadar karıştırmaya devam edin.

Tadı gerektiği gibi tadın ve ayarlayın. Eğlence!

Kremalı hardal sosu

Porsiyon başına: Kalori: 73; Yağ: 4,2 gr; Karbonhidratlar: 7,1 g; Protein: 1,7 gr

içindekiler

1/2 sade humus

1 çay kaşığı kıyılmış taze sarımsak

1 yemek kaşığı hardal

1 yemek kaşığı sızma zeytinyağı

1 yemek kaşığı taze limon suyu

1 çay kaşığı pul biber

1/2 çay kaşığı deniz tuzu

1/4 çay kaşığı öğütülmüş karabiber

Adresler

Tüm malzemeleri bir kapta güzelce birleştirin.

Servis yapmadan önce yaklaşık 30 dakika buzdolabında dinlendirin.

Eğlence!

Geleneksel Balkan tarzı Ajvar

(Yaklaşık 30 dakikada hazır | 6 kişilik)

Porsiyon başına: Kaloriler: 93; Yağ: 4,9 gr; Karbonhidratlar: 11,1 g; Protein: 1,8 gr

içindekiler

4 kırmızı biber

1 küçük patlıcan

1 diş ezilmiş sarımsak

2 yemek kaşığı zeytinyağı

1 çay kaşığı beyaz sirke

Tatmak için kaşer tuzu ve öğütülmüş karabiber

Biberleri ve patlıcanları yumuşayıp kömürleşene kadar ızgarada pişirin.

Biberleri plastik bir torbaya koyun ve yaklaşık 15 dakika buharda bekletin. Biber ve patlıcanların kabuklarını, çekirdeklerini ve çekirdeklerini çıkarın.

Daha sonra bunları mutfak robotunun kasesine aktarın. Sarımsak, zeytinyağı, sirke, tuz ve karabiberi ekleyip iyice birleşene kadar karıştırmaya devam edin.

1 haftaya kadar buzdolabında saklayın. Eğlence!

Amba (mango sosu)

(Yaklaşık 30 dakikada hazır | 6 kişilik)

Porsiyon başına: Kaloriler: 93; Yağ: 4,9 gr; Karbonhidratlar: 11,1 g; Protein: 1,8 gr

içindekiler

2 yeşil kabuklu mango, soyulmuş ve çekirdeği çıkarılmış

1 soğan doğranmış

1 adet doğranmış sivri biber

2 diş sarımsak, kıyılmış

1 yemek kaşığı Himalaya tuzu

1 çay kaşığı öğütülmüş zerdeçal

1/3 çay kaşığı öğütülmüş kimyon

1/2 çay kaşığı kırmızı biber

2 yemek kaşığı soya sosu

2 yemek kaşığı taze limon suyu

Orta boy bir tencereyi orta derecede yüksek ateşte ısıtın. 2 bardak suyu kaynatın. Mangoyu, ardından soğanı, biberi, sarımsağı ve baharatları ekleyin.

Isıyı en aza indirin ve mango yumuşayana kadar veya yaklaşık 25 dakika pişirin.

Ocaktan alıp soya sosunu ve taze limon suyunu ekleyin.

Daha sonra pürüzsüz ve homojen bir karışım elde edene kadar karışımı blenderda karıştırın. 1 aya kadar buzdolabında saklayın.

Eğlence!

Babamın ev yapımı ketçapı

(Yaklaşık 30 dakikada hazır | 12 kişilik)

Porsiyon başına: Kalori: 49; Yağ: 2,4 gr; Karbonhidratlar: 6,5 g; Protein: 0,9 gr

içindekiler

2 yemek kaşığı zeytinyağı

1 soğan doğranmış

2 diş sarımsak, kıyılmış

1 çay kaşığı acı biber

2 yemek kaşığı domates salçası

30 ons konserve domates, ezilmiş

3 yemek kaşığı esmer şeker

1/4 su bardağı elma sirkesi

Tatmak için tuz ve taze çekilmiş karabiber.

Orta boy bir tencerede, zeytinyağını orta derecede yüksek ateşte ısıtın. Soğanları yumuşak ve aromatik hale gelinceye kadar soteleyin.

Sarımsakları ekleyin ve 1 dakika veya kokusu çıkana kadar sotelemeye devam edin.

Kalan malzemeleri ekleyip kısık ateşte pişirin. Yaklaşık 25 dakika kadar pişirmeye devam edin.

Pürüzsüz ve homojen bir karışım elde edinceye kadar karışımı blenderda işleyin. Eğlence!

Avokado ve otlar ile salata sosu

(Yaklaşık 10 dakikada hazır | 6 kişilik)

Porsiyon başına: Kalori: 101; Yağ: 9,4 gr; Karbonhidratlar: 4,3 g; Protein: 1,2 gr

içindekiler

1 orta boy avokado, çekirdeği çıkarılmış, soyulmuş ve püre haline getirilmiş

4 yemek kaşığı sızma zeytinyağı

4 yemek kaşığı badem sütü

2 yemek kaşığı kıyılmış kişniş

2 yemek kaşığı kıyılmış maydanoz

1 limonun suyu

2 diş sarımsak, kıyılmış

1/2 çay kaşığı hardal tohumu

1/2 çay kaşığı kırmızı biber gevreği

Tatmak için kaşer tuzu ve kırmızı biber

Adresler

Yukarıda listelenen tüm malzemeleri mutfak robotunuzda veya blenderinizde karıştırın.

Pürüzsüz, pürüzsüz ve kremsi olana kadar karıştırın.

Eğlence!

Otantik Fransız remoulade

(Yaklaşık 10 dakikada hazır | 9 kişilik)

Porsiyon başına: Kaloriler: 121; Yağ: 10,4 gr; Karbonhidratlar: 1,3 g; Protein: 6,2 gr

içindekiler

1 bardak vegan mayonez

1 yemek kaşığı Dijon hardalı

1 taze soğan, ince doğranmış

1 çay kaşığı kıyılmış sarımsak

2 yemek kaşığı kapari, iri doğranmış

1 yemek kaşığı acı sos

1 yemek kaşığı taze limon suyu

1 yemek kaşığı düz yapraklı maydanoz, doğranmış

Tüm malzemeleri mutfak robotunda veya blenderda iyice birleştirin.

Pürüzsüz ve kremsi bir karışım elde edinceye kadar karıştırın.

Eğlence!

Otantik beşamel

(Yaklaşık 10 dakikada hazır | 5 kişilik)

Porsiyon başına: Kalori: 89; Yağ: 6,1 gr; Karbonhidratlar: 5,9 g; Protein: 2,7 gr

içindekiler

2 yemek kaşığı soya yağı

2 yemek kaşığı çok amaçlı un

1 ½ su bardağı yulaf sütü

Tadına göre kaba deniz tuzu

1/4 çay kaşığı zerdeçal tozu

1/4 çay kaşığı öğütülmüş karabiber, tatmak için

Bir tutam rendelenmiş hindistan cevizi

Soya yağını bir tavada orta ateşte eritin. Unu ekleyin ve topak oluşumunu önlemek için sürekli karıştırarak pişirmeye devam edin.

Sütü dökün ve sos koyulaşana kadar yaklaşık 4 dakika çırpmaya devam edin.

Baharatları ekleyin ve iyice birleştirmek için karıştırın. Eğlence!

Mükemmel hollandaise sosu

(Yaklaşık 15 dakikada hazır | 6 kişilik)

Porsiyon başına: Kalori: 145; Yağ: 12,6 gr; Karbonhidratlar: 6,1 g; Protein: 3,3 gr

içindekiler

1/2 bardak kaju fıstığı, ıslatılmış ve süzülmüş

1 su bardağı badem sütü

2 yemek kaşığı taze limon suyu

3 yemek kaşığı hindistancevizi yağı

3 yemek kaşığı besin mayası

Tatmak için deniz tuzu ve öğütülmüş beyaz biber

Bir tutam rendelenmiş hindistan cevizi

1/2 çay kaşığı ezilmiş kırmızı biber gevreği

Tüm malzemeleri yüksek hızlı bir blender veya mutfak robotunda karıştırın.

Daha sonra karışımı bir tencerede orta-düşük ateşte ısıtın; Sos azalıp koyulaşana kadar ara sıra karıştırarak pişirin.

Eğlence!

Meksika biber sosu

(Yaklaşık 5 dakikada hazır | 5 kişilik)

Porsiyon başına: Kalori: 35; Yağ: 0,2 gr; Karbonhidratlar: 7,1 g; Protein: 0,8 gr

içindekiler

10 ons konserve domates sosu

2 yemek kaşığı elma sirkesi

2 yemek kaşığı esmer şeker

1 Meksika biberi, doğranmış

1/2 çay kaşığı kurutulmuş Meksika kekiği

1/4 çay kaşığı öğütülmüş yenibahar

Tatmak için deniz tuzu ve öğütülmüş karabiber

Bir kapta tüm malzemeleri güzelce birleştirin.

Cam kavanozda buzdolabında saklayın.

Eğlence!

Bir kapta tüm malzemeleri güzelce birleştirin.

Cam kavanozda buzdolabında saklayın.

Temel domates sosu

(Yaklaşık 25 dakikada hazır | 8 kişilik)

Porsiyon başına: Kalori: 49; Yağ: 3,6 gr; Karbonhidratlar: 4,3 g; Protein: 0,9 gr

içindekiler

2 yemek kaşığı zeytinyağı

1 arpacık doğranmış

2 diş sarımsak, kıyılmış

1 kırmızı biber, çekirdeği çıkarılmış ve doğranmış

20 ons konserve domates, harmanlanmış

2 yemek kaşığı domates salçası

1 çay kaşığı acı biber

1/2 çay kaşığı kaba deniz tuzu

Orta boy bir tencerede, zeytinyağını orta derecede yüksek ateşte ısıtın. Arpacık soğanını yumuşak ve aromatik hale gelinceye kadar soteleyin.

Sarımsak ve kırmızı biber ekleyin; 1 dakika veya kokusu çıkana kadar sotelemeye devam edin.

Domates, salça, kırmızı biber ve tuzu ekleyin; kaynatmak için ateşi açın. Yaklaşık 22 dakika kadar pişirmeye devam edin.

Eğlence!

Şişe Türk Salçası

(Yaklaşık 1 saat 25 dakikada hazır | 16 kişilik)

Porsiyon başına: Kalori: 39; Yağ: 1,8 gr; Karbonhidratlar: 4,8 g; Protein: 0,7 gr

içindekiler

4 biber

4 kırmızı biber

1/2 limon suyu

2 yemek kaşığı zeytinyağı

1 çay kaşığı deniz tuzu

1/2 çay kaşığı taze çekilmiş karabiber

Biberleri doğrudan kısık gaz alevinin üzerine yerleştirin; Biberlerin her tarafı kızarana kadar yaklaşık 8 dakika ızgarada pişirin.

Biberleri plastik bir torbada veya kapalı bir kapta yaklaşık 30 dakika buharda bekletin. Kararmış kabuğu ve çekirdeği çıkarın ve posayı mutfak robotuna aktarın.

Pürüzsüz bir macun oluşuncaya kadar karıştırın.

Hazırlanan makarnayı bir tavada ısıtın; Kalan malzemeleri ekleyin ve iyice birleştirmek için karıştırın. Isıyı açın ve kısmen kapalı olarak yaklaşık 45 dakika veya sos kalınlaşana kadar pişmeye bırakın.

Buzdolabında 4 haftaya kadar saklayın. Eğlence!

İtalyan yeşil biber sosu

(Yaklaşık 15 dakikada hazır | 6 kişilik)

Porsiyon başına: Kaloriler: 153; Yağ: 10,1 gr; Karbonhidratlar: 13,3 g; Protein: 2,6 gr

içindekiler

3 yemek kaşığı vegan tereyağı

3 yemek kaşığı 00 un

1 ½ su bardağı badem sütü, şekersiz

1 su bardağı sebze suyu

2 yemek kaşığı taze çekilmiş yeşil biber

Tatmak için deniz tuzu

1 yemek kaşığı şeri şarabı

Bir tencerede orta ateşte tereyağını eritin. Isındıktan sonra unu ekleyin ve ateşi kısıp kaynamaya bırakın.

Sütü azar azar ekleyin ve topak oluşumunu önlemek için sürekli karıştırarak birkaç dakika daha pişirmeye devam edin.

Et suyunu, yeşil biberi ve tuzu ekleyin. Sos koyulaşana kadar kaynatmaya devam edin. Şarabı ekleyin ve birkaç dakika daha pişirmeye devam edin.

Eğlence!

Ayçiçeği çekirdeği ile makarna sosu

Porsiyon başına: Kalori: 164; Yağ: 13,1 gr; Karbonhidratlar: 7,6 g; Protein: 6,2 gr

içindekiler

1/2 bardak ayçiçeği çekirdeği, gece boyunca ıslatılmış

1/2 su bardağı şekersiz badem sütü

2 yemek kaşığı limon suyu

1 çay kaşığı toz sarımsak

1/4 çay kaşığı kurutulmuş kekik

1/2 çay kaşığı kurutulmuş fesleğen

1 çay kaşığı kurutulmuş dereotu

Tatmak için deniz tuzu ve öğütülmüş karabiber

Tüm malzemeleri bir mutfak robotunun veya yüksek hızlı bir blenderin kasesine yerleştirin.

Sos pürüzsüz ve pürüzsüz hale gelinceye kadar karıştırın.

Sosu pişmiş makarna veya sebze tagliatelle üzerine servis edin. Eğlence!

Büyükannenin sağlıklı elma püresi

(Yaklaşık 30 dakikada hazır | 12 kişilik)

Porsiyon başına: Kalori: 73; Yağ: 0,2 gr; Karbonhidratlar: 19,3 g; Protein: 0,4 gr

içindekiler

3 pound pişirme elması, soyulmuş, çekirdeği çıkarılmış ve doğranmış

1/2 su bardağı su

8 adet taze hurma, çekirdekleri çıkarılmış

2 yemek kaşığı limon suyu

bir tutam tuz

Bir tutam rendelenmiş hindistan cevizi

1/4 çay kaşığı öğütülmüş karanfil

1/2 çay kaşığı öğütülmüş tarçın

Elmaları ve suyu kalın tabanlı bir tavaya ekleyin ve yaklaşık 20 dakika pişirin.

Bu arada hurmaları ve 1/2 bardak suyu yüksek hızlı bir blender ile karıştırın. Tamamen pürüzsüz olana kadar işlem yapın.

Daha sonra pişmiş elmaları patates eziciyle ezin; Harmanlanmış hurmaları elma püresine karıştırın ve iyice birleştirmek için karıştırın.

Elma püresi istediğiniz kıvama gelinceye kadar kaynatmaya devam edin. Limon suyunu ve baharatları ekleyin ve her şey iyice karışıncaya kadar karıştırın.

Eğlence!

Ev yapımı çikolata sosu

(Yaklaşık 10 dakikada hazır | 9 kişilik)

Porsiyon başına: Kaloriler: 95; Yağ: 7,6 gr; Karbonhidratlar: 7,5 g; Protein: 0,2 gr

içindekiler

5 yemek kaşığı eritilmiş hindistancevizi yağı

3 yemek kaşığı agav şurubu

3 yemek kaşığı kakao tozu

Bir tutam rendelenmiş hindistan cevizi

Bir tutam koşer tuzu

1/2 çay kaşığı öğütülmüş tarçın

1/2 çay kaşığı vanilya ezmesi

Adresler

Tüm malzemeleri bir çırpma teli ile iyice karıştırın.

Çikolata sosunu buzdolabında saklayın. Sosu yumuşatmak için servis yapmadan hemen önce kısık ateşte ısıtın.

Eğlence!

Favori kızılcık sosu

(Yaklaşık 15 dakikada hazır | 8 kişilik)

Porsiyon başına: Kaloriler: 62; Yağ: 0,6 gr; Karbonhidratlar: 16g; Protein: 0,2 gr

içindekiler

1/2 su bardağı esmer şeker

1/2 su bardağı su

8 ons yaban mersini, taze veya dondurulmuş

Bir tutam yenibahar

Bir tutam deniz tuzu

1 yemek kaşığı kristalize zencefil

Adresler

Kalın dipli bir tavada şekeri ve suyu kaynatın.

Şeker eriyene kadar karıştırın.

Kızılcıkları ve ardından diğer malzemeleri ekleyin. Isıyı azaltın ve 10-12 dakika veya yaban mersini patlayana kadar pişirmeye devam edin.

Oda sıcaklığına soğumaya bırakın. Cam kavanozda buzdolabında saklayın. Eğlence!

Geleneksel Rus Crain

Porsiyon başına: Kalori: 28; Yağ: 1,3 gr; Karbonhidratlar: 3,8 g; Protein: 0,5 gr

içindekiler

1 su bardağı kaynamış su

6 ons çiğ pancar, soyulmuş

1 yemek kaşığı tam tuz

9 ons çiğ yaban turpu, soyulmuş

1 yemek kaşığı zeytinyağı

1/2 su bardağı elma sirkesi

Ağır dipli bir tencerede suyu kaynatın. Daha sonra pancarları yaklaşık 35 dakika veya yumuşayana kadar pişirin.

Kabuğu çıkarın ve pancarları bir mutfak robotuna aktarın. Kalan malzemeleri ekleyin ve iyice birleşene kadar karıştırın.

Eğlence!

Fransız Mignonette Sosu

(Yaklaşık 15 dakikada hazır | 6 kişilik)

Porsiyon başına: Kaloriler: 14; Yağ: 0 gr; Karbonhidratlar: 1,9 g; Protein: 0,2 gr

içindekiler

3/4 su bardağı kırmızı şarap sirkesi

2 çay kaşığı karışık karabiber, taze kırılmış

1 küçük deniz tarağı, ince doğranmış

Tatmak için deniz tuzu

Adresler

Sirkeyi, karabiberi ve deniz tarağını bir kasede birleştirin. Tuzlu sezon.

En az 15 dakika dinlenmeye bırakın. Izgara istiridye mantarları ile servis yapın.

Eğlence!

füme peynir sosu

(Yaklaşık 10 dakikada hazır | 6 kişilik)

Porsiyon başına: Kalori: 107; Yağ: 7,3 gr; Karbonhidratlar: 8,8 g; Protein: 3,3 gr

içindekiler

1/2 bardak çiğ kaju fıstığı, ıslatılmış ve süzülmüş

4 yemek kaşığı su

2 yemek kaşığı çiğ tahin

1/2 limonun taze suyu

1 yemek kaşığı elma sirkesi

2 adet pişmiş havuç

1 çay kaşığı füme kırmızı biber

Tatmak için deniz tuzu

1 diş sarımsak

1 çay kaşığı taze dereotu

1/2 su bardağı dondurulmuş mısır taneleri, çözülmüş ve süzülmüş

Adresler

Kaju ve suyu bir karıştırıcıda pürüzsüz ve kremsi bir kıvama gelinceye kadar karıştırın.

Diğer malzemeleri ekleyin ve her şey iyice karışana kadar karıştırmaya devam edin.

Bir haftaya kadar buzdolabında saklayın. Eğlence!

Basit ev yapımı armut sosu

(Yaklaşık 30 dakikada hazır | 8 kişilik)

Porsiyon başına: Kalori: 76; Yağ: 0,3 gr; Karbonhidratlar: 19,2 g; Protein: 0,6 gr

içindekiler

2 pound armut, soyulmuş, çekirdeği çıkarılmış ve doğranmış

1/4 su bardağı su

1/4 su bardağı esmer şeker

1/2 çay kaşığı doğranmış taze zencefil

1/2 çay kaşığı öğütülmüş karanfil

1 çay kaşığı öğütülmüş tarçın

1 çay kaşığı taze limon suyu

1 çay kaşığı elma sirkesi

1 çay kaşığı vanilya ezmesi

Elmaları, suyu ve şekeri kalın tabanlı bir tavaya ekleyin ve yaklaşık 20 dakika pişirin.

Daha sonra haşlanan armutları patates eziciyle ezin. Kalan malzemeleri ekleyin.

Armut sosu istenilen kıvama gelinceye kadar kaynatmaya devam edin.

Eğlence!

Country tarzı hardal

(Yaklaşık 5 dakikada hazır | 16 kişilik)

Porsiyon başına: Kaloriler: 24; Yağ: 1,6 gr; Karbonhidratlar: 1,7 g; Protein: 0,6 gr

içindekiler

1/3 su bardağı hardal tohumu

1/2 bardak şarap sirkesi

1 Medjool hurması, çekirdekleri çıkarılmış

1 çay kaşığı zeytinyağı

1/2 çay kaşığı Himalaya kaya tuzu

Hardal tohumlarını en az 12 saat suda bekletin.

Daha sonra tüm malzemeleri yüksek hızlı bir blenderde pürüzsüz ve kremsi bir kıvama gelinceye kadar karıştırın.

Cam kavanozda buzdolabında saklayın. Eğlence!

Tay usulü hindistan cevizi sosu

(Yaklaşık 10 dakikada hazır | 4 kişilik)

Porsiyon başına: Kalori: 68; Yağ: 5,1 gr; Karbonhidratlar: 4,7 g; Protein: 1,4 gr

içindekiler

1 yemek kaşığı hindistancevizi yağı

1 çay kaşığı kıyılmış sarımsak

1 çay kaşığı doğranmış taze zencefil

1 limon sıkılıp rendelenmiş

1 çay kaşığı zerdeçal tozu

1/2 bardak hindistan cevizi sütü

1 yemek kaşığı soya sosu

1 çay kaşığı hindistan cevizi şekeri veya tadı daha fazla

bir tutam tuz

Bir tutam rendelenmiş hindistan cevizi

Küçük bir tencerede hindistancevizi yağını orta ateşte eritin. Sıcakken sarımsak ve zencefili yaklaşık 1 dakika veya aromatik hale gelinceye kadar pişirin.

Isıyı düşürün ve limon, zerdeçal, hindistan cevizi sütü, soya sosu, hindistan cevizi şekeri, tuz ve hindistan cevizini ekleyin; 1 dakika veya tamamen ısıtılıncaya kadar kaynamaya devam edin.

Eğlence!

Basit Aquafaba Mayonezi

(Yaklaşık 10 dakikada hazır | 12 kişilik)

Porsiyon başına: Kalori: 200; Yağ: 22,7 gr; Karbonhidratlar: 0,3 g; Protein: 0 gr

içindekiler

1/2 bardak aquafaba

1 ¼ bardak kanola yağı

1 çay kaşığı sarı hardal

1/2 çay kaşığı koşer tuzu

2 yemek kaşığı limon suyu

1/2 çay kaşığı sarımsak tozu

1/4 çay kaşığı kurutulmuş dereotu

Aquafaba'yı bir daldırma blenderi veya yüksek hızlı blender kullanarak yüksek hızda karıştırın.

Makine çalışırken yavaş yavaş yağı ekleyin ve karışım koyulaşana kadar karıştırmaya devam edin.

Hardal, tuz, limon suyu, sarımsak tozu ve dereotu ekleyin.

Buzdolabında 2 haftaya kadar saklayın. Eğlence!

Klasik kadifemsi sos

(Yaklaşık 10 dakikada hazır | 5 kişilik)

Porsiyon başına: Kalori: 65; Yağ: 5,2 gr; Karbonhidratlar: 2,4 g; Protein: 1,9 gr

İçindekiler

2 yemek kaşığı vegan tereyağı

2 yemek kaşığı çok amaçlı un

1 ½ su bardağı sebze suyu

1/4 çay kaşığı beyaz biber

Vegan tereyağını bir tencerede orta ateşte eritin. Unu ekleyin ve topak oluşumunu önlemek için sürekli karıştırarak pişirmeye devam edin.

Sebze suyunu azar azar ve yavaş yavaş dökün ve sos koyulaşıncaya kadar yaklaşık 5 dakika karıştırmaya devam edin.

Beyaz biberi ekleyin ve iyice birleştirmek için karıştırın. Eğlence!

Klasik İspanyol sosu

(Yaklaşık 55 dakikada hazır | 6 kişilik)

Porsiyon başına: Kalori: 99; Yağ: 6,6 gr; Karbonhidratlar: 6,9 g;
Protein: 3,1 gr

içindekiler

3 yemek kaşığı vegan tereyağı

4 yemek kaşığı pirinç unu

1/2 bardak yaban mersini

1 çay kaşığı kıyılmış sarımsak karanfil

3 su bardağı sebze suyu

1/4 su bardağı konserve domates, harmanlanmış

1 defne

1 çay kaşığı kekik

Tatmak için deniz tuzu ve karabiber.

Vegan tereyağını bir tencerede orta derecede yüksek ateşte eritin. Daha sonra unu ekleyin ve sürekli karıştırarak yaklaşık 8 dakika veya altın rengi kahverengi olana kadar pişirin.

Daha sonra mirepoix'i yaklaşık 5 dakika veya yumuşak ve hoş kokulu olana kadar soteleyin.

Şimdi mirepoix, sarımsak, sebze suyu, konserve domates ve baharatları ekleyin. Isıyı düşük seviyeye getirin. Yaklaşık 40 dakika pişmeye bırakın.

Sosu ince bir süzgeçten geçirerek bir kaseye dökün. Eğlence!

Otantik Akdeniz aioli

(Yaklaşık 10 dakikada hazır | 16 kişilik)

Porsiyon başına: Kaloriler: 122; Yağ: 13,6 gr; Karbonhidratlar: 0,4 g; Protein: 0,1 gr

içindekiler

4 yemek kaşığı aquafaba

1 çay kaşığı taze limon suyu

1 çay kaşığı elma sirkesi

1 çay kaşığı Dijon hardalı

1 çay kaşığı ezilmiş sarımsak

Tadına göre kaba deniz tuzu ve öğütülmüş beyaz biber

1 su bardağı zeytinyağı

1/4 çay kaşığı kurutulmuş dereotu

Aquafaba, limon suyu, sirke, hardal, sarımsak, tuz ve karabiberi blender kasesine yerleştirin. 30-40 saniye karıştırın.

Yavaş yavaş yağı dökün ve sos koyulaşana kadar karıştırmaya devam edin.

Sosun üzerine kurutulmuş dereotu serpin. Servis yapmaya hazır olana kadar buzdolabında saklayın.

Eğlence!

Vegan Barbekü Sosu

(Yaklaşık 25 dakikada hazır | 10 kişilik)

Porsiyon başına: Kaloriler: 32; Yağ: 0,2 gr; Karbonhidratlar: 7,4 g; Protein: 1,3 gr

içindekiler

1 su bardağı domates salçası

2 yemek kaşığı elma sirkesi

2 yemek kaşığı limon suyu

1 yemek kaşığı esmer şeker

1 yemek kaşığı hardal tozu

1 çay kaşığı kırmızı biber gevreği, doğranmış

1 çay kaşığı soğan tozu

1 çay kaşığı sarımsak tozu

1 çay kaşığı biber tozu

2 yemek kaşığı vegan Worcestershire

1/2 su bardağı su

Adresler

Tüm malzemeleri orta-yüksek ateşte bir tencerede iyice birleştirin. Kaynamaya getirin.

Isıyı düşük seviyeye getirin.

Yaklaşık 20 dakika veya sos azalıp koyulaşana kadar pişirin.

Buzdolabında 3 haftaya kadar saklayın. Eğlence!

Klasik Bearnaise sosu

(Yaklaşık 30 dakikada hazır | 8 kişilik)

Porsiyon başına: Kalori: 82; Yağ: 6,8 gr; Karbonhidratlar: 3,8 g; Protein: 1,4 gr

içindekiler

4 yemek kaşığı süt içermeyen soya yağı

2 yemek kaşığı çok amaçlı un

1 çay kaşığı kıyılmış sarımsak

1 bardak soya sütü

1 yemek kaşığı taze limon suyu

1/4 çay kaşığı zerdeçal tozu

Tatmak için kaşer tuzu ve öğütülmüş karabiber

1 yemek kaşığı kıyılmış taze maydanoz

Tereyağını bir tencerede orta derecede yüksek ateşte eritin. Daha sonra unu ekleyin ve sürekli karıştırarak yaklaşık 8 dakika veya altın rengi kahverengi olana kadar pişirin.

Daha sonra sarımsakları yaklaşık 30 saniye veya kokusu çıkana kadar soteleyin.

Şimdi süt, taze limon suyu, zerdeçal, tuz ve karabiber ekleyin. Isıyı düşük seviyeye getirin. Yaklaşık 20 dakika pişmeye bırakın.

Servis yapmadan hemen önce üzerine taze maydanoz serpin. Eğlence!

Mükemmel peynir sosu

(Yaklaşık 30 dakikada hazır | 8 kişilik)

Porsiyon başına: Kalori: 172; Yağ: 12,6 gr; Karbonhidratlar: 10 g; Protein: 6,8 gr

içindekiler

1 ½ bardak kaju fıstığı

1/2 su bardağı su

1 çay kaşığı elma sirkesi

1 çay kaşığı limon suyu

1/2 çay kaşığı granül sarımsak

Tatmak için deniz tuzu ve kırmızı biber

1 yemek kaşığı hindistancevizi yağı

1/4 bardak besin mayası

Kaju ve suyu bir karıştırıcıda pürüzsüz ve kremsi bir kıvama gelinceye kadar karıştırın.

Diğer malzemeleri ekleyin ve her şey iyice karışana kadar karıştırmaya devam edin.

Bir haftaya kadar buzdolabında saklayın. Eğlence!

Çiğ makarna için kolay sos

(Yaklaşık 10 dakikada hazır | 4 kişilik)

Porsiyon başına: Kalori: 80; Yağ: 6,3 gr; Karbonhidratlar: 5,4 g; Protein: 1,4 gr

içindekiler

1 kiloluk olgun domates, çekirdeği çıkarılmış

1 küçük soğan, soyulmuş

1 küçük diş sarımsak, kıyılmış

1 yemek kaşığı taze maydanoz yaprağı

1 yemek kaşığı taze fesleğen yaprağı

1 yemek kaşığı taze biberiye yaprağı

4 yemek kaşığı sızma zeytinyağı

Tatmak için deniz tuzu ve öğütülmüş karabiber

Adresler

Tüm malzemeleri mutfak robotunda veya blenderde iyice birleşene kadar karıştırın.

Sıcak makarna veya zoodle (kabak spagetti) ile servis yapın.

Eğlence!

Temel fesleğen pesto

(Yaklaşık 10 dakikada hazır | 8 kişilik)

Porsiyon başına: Kalori: 42; Yağ: 3,5 gr; Karbonhidratlar: 1,4 g; Protein: 1,2 gr

içindekiler

1 su bardağı taze fesleğen, paketlenmiş

4 yemek kaşığı çam fıstığı

2 diş sarımsak, soyulmuş

1 yemek kaşığı taze limon suyu

2 yemek kaşığı besin mayası

2 yemek kaşığı sızma zeytinyağı

Tatmak için deniz tuzu

4 yemek kaşığı su

Yağ dışındaki tüm malzemeleri mutfak robotuna koyun. İyice birleşene kadar işlem yapın.

Pürüzsüz bir karışım elde edene kadar yavaş yavaş yağı ekleyerek karıştırmaya devam edin.

Eğlence!

Klasik Alfredo Sos

(Yaklaşık 10 dakikada hazır | 4 kişilik)

Porsiyon başına: Kalori: 245; Yağ: 17,9 gr; Karbonhidratlar: 14,9 g; Protein: 8,2 gr

içindekiler

2 yemek kaşığı zeytinyağı

2 diş sarımsak, kıyılmış

2 yemek kaşığı pirinç unu

1 ½ bardak pirinç sütü, şekersiz

Tatmak için deniz tuzu ve öğütülmüş karabiber

1/2 çay kaşığı ezilmiş kırmızı biber gevreği

4 yemek kaşığı tahin

2 yemek kaşığı besin mayası

Büyük bir tencerede zeytinyağını orta ateşte ısıtın. Sıcakken sarımsakları yaklaşık 30 saniye veya kokusu çıkana kadar soteleyin.

Pirinç ununu ekleyip kısık ateşte pişirin. Sütü azar azar ekleyin ve topak oluşumunu önlemek için sürekli karıştırarak birkaç dakika daha pişirmeye devam edin.

Tuz, karabiber, pul biber, tahin ve besin mayasını ekleyin.

Sos koyulaşana kadar kaynatmaya devam edin.

Dört güne kadar buzdolabında hava geçirmez bir kapta saklayın. Eğlence!

Sofistike kaju mayonezi

(Yaklaşık 10 dakikada hazır | 12 kişilik)

Porsiyon başına: Kalori: 159; Yağ: 12,4 gr; Karbonhidratlar: 9,2 g; Protein: 5,2 gr

içindekiler

3/4 bardak çiğ kaju fıstığı, gece boyunca ıslatılmış ve süzülmüş

2 yemek kaşığı taze limon suyu

1/4 su bardağı su

1/2 çay kaşığı şarküteri hardalı

1 çay kaşığı akçaağaç şurubu

1/4 çay kaşığı sarımsak tozu

1/4 çay kaşığı kurutulmuş dereotu

1/2 çay kaşığı deniz tuzu

Tüm malzemeleri yüksek hızlı bir blender veya mutfak robotuyla pürüzsüz, kremsi ve homojen bir hale gelinceye kadar karıştırın.

Gerekirse daha fazla baharat ekleyin.

Servis yapmaya hazır olana kadar buzdolabına koyun. Eğlence!

Ayçiçek yağı, tarçın ve vanilya

Porsiyon başına: Kalori: 129; Yağ: 9 gr; Karbonhidratlar: 10,1 g; Protein: 3,6 gr

içindekiler

2 su bardağı kavrulmuş ayçiçeği çekirdeği, kabuğu çıkarılmış

1/2 bardak akçaağaç şurubu

1 çay kaşığı vanilya özü

1 çay kaşığı öğütülmüş tarçın

Bir tutam rendelenmiş hindistan cevizi

Bir tutam deniz tuzu

Ayçiçeği tohumlarını bir mutfak robotunda tereyağı oluşana kadar karıştırın.

Kalan malzemeleri ekleyin ve kremsi, pürüzsüz ve homojen bir karışım elde edene kadar karıştırmaya devam edin.

Tadı gerektiği gibi tadın ve ayarlayın. Eğlence!

Ev yapımı baharatlı ketçap

(Yaklaşık 25 dakikada hazır | 12 kişilik)

Porsiyon başına: Kalori: 49; Yağ: 2,5 gr; Karbonhidratlar: 5,3 g; Protein: 0,7 gr

içindekiler

2 yemek kaşığı ayçiçek yağı

4 yemek kaşığı kıyılmış arpacık soğanı

2 diş sarımsak, ezilmiş

30 ons konserve domates, ezilmiş

1/4 su bardağı esmer şeker

1/4 bardak beyaz sirke

1 çay kaşığı acı sos

1/4 çay kaşığı yenibahar

Orta boy bir tencerede, yağı orta derecede yüksek ateşte ısıtın. Arpacık soğanını yumuşak ve aromatik hale gelinceye kadar soteleyin.

Sarımsakları ekleyin ve 1 dakika veya kokusu çıkana kadar sotelemeye devam edin.

Kalan malzemeleri ekleyip kısık ateşte pişirin. 22-25 dakika kadar kaynatmaya devam edin.

Pürüzsüz ve homojen bir karışım elde edinceye kadar karışımı blenderda işleyin. Eğlence!

Közlenmiş biber kreması

(Yaklaşık 10 dakikada hazır | 10 kişiye hizmet veriyor)

Porsiyon başına: Kaloriler: 111; Yağ: 6,8 gr; Karbonhidratlar: 10,8 g; Protein: 4,4 gr

içindekiler

2 adet közlenmiş, çekirdekleri çıkarılmış kırmızı biber

1 jalapeno biber, kavrulmuş ve çekirdeği çıkarılmış

4 ons yağda güneşte kurutulmuş domates, süzülmüş

2/3 su bardağı ayçiçeği çekirdeği

2 yemek kaşığı doğranmış soğan

1 diş sarımsak

1 yemek kaşığı Akdeniz bitki karışımı

Tatmak için deniz tuzu ve öğütülmüş karabiber

1/2 çay kaşığı zerdeçal tozu

1 çay kaşığı öğütülmüş kimyon

2 yemek kaşığı tahin

Tüm malzemeleri bir blender veya mutfak robotunun kasesine yerleştirin.

Karışım kremsi, pürüzsüz ve pürüzsüz hale gelinceye kadar işlem yapın.

Hava geçirmez bir kapta buzdolabında 2 haftaya kadar saklayın. Eğlence!

Klasik Vegan Tereyağı

(Yaklaşık 10 dakikada hazır | 16 kişilik)

Porsiyon başına: Kalori: 89; Yağ: 10,1 gr; Karbonhidratlar: 0,2 g; Protein: 0,1 gr

içindekiler

2/3 bardak rafine edilmiş hindistancevizi yağı, eritilmiş

1 yemek kaşığı ayçiçek yağı

1/4 bardak soya sütü

1/2 çay kaşığı malt sirkesi

1/3 çay kaşığı kaba deniz tuzu

Adresler

Hindistan cevizi yağını, ayçiçek yağını, sütü ve sirkeyi blender kasesine ekleyin. İyi bir şekilde birleşmek için yıldırım.

Deniz tuzunu ekleyin ve pürüzsüz ve kremsi bir kıvama gelinceye kadar karıştırmaya devam edin; Ayarlanana kadar buzdolabında saklayın.

Eğlence!

Akdeniz kabaklı krep

(Yaklaşık 20 dakikada hazır | 4 kişilik)

Porsiyon başına: Kalori: 260; Yağ: 14,1 gr; Karbonhidratlar: 27,1 g; Protein: 4,6 gr

içindekiler

1 fincan çok amaçlı un

1/2 çay kaşığı kabartma tozu

1/2 çay kaşığı kurutulmuş kekik

1/2 çay kaşığı kurutulmuş fesleğen

1/2 çay kaşığı kurutulmuş biberiye

Tatmak için deniz tuzu ve öğütülmüş karabiber

1 buçuk su bardağı rendelenmiş kabak

1 chia yumurtası

1/2 su bardağı pirinç sütü

1 çay kaşığı kıyılmış sarımsak

2 yemek kaşığı arpacık soğanı, dilimlenmiş

4 yemek kaşığı zeytinyağı

Adresler

Un, maya ve baharatları iyice harmanlayın. Ayrı bir kapta kabak, chia yumurtası, süt, sarımsak ve arpacık soğanı birleştirin.

Kuru un karışımına kabak karışımını ekleyin; iyice birleşmesi için karıştırın.

Daha sonra zeytinyağını bir tavada orta ateşte ısıtın. Kreplerin her tarafını 2 ila 3 dakika, altın rengi kahverengi olana kadar pişirin.

Eğlence!

www.ingramcontent.com/pod-product-compliance
Lightning Source LLC
Chambersburg PA
CBHW071608030726
47593CB00001BA/367